Lutz Tornow

FRANZÖSISCHE REVOLUTION 1789-1794

Verlag Moritz Diesterweg
Frankfurt am Main

Umschlagbild: Claude Cholat: La prise de la Bastille, 14 juillet 1789

CIP-Titelaufnahme der Deutschen Bibliothek

Tornow, Lutz:
Französische Revolution 1789-1794 / Lutz Tornow. - 1. Aufl. -
Frankfurt am Main : Diesterweg, 1989
(Unterrichtswerkstatt Geschichte und Politik)
ISBN 3-425-03250-X

ISBN 3-425-03250-X
1. Auflage 1989

Karten: Joachim Zwick, Gießen
Satz und Druck: Appl, Wemding
Bindearbeiten: Großbuchbinderei Monheim, Monheim

Was dieses Bändchen leisten soll

»Viel hilft viel« war noch nie die Devise für erfolgreichen Unterricht. Angesichts des Stoffdrucks, der auf Lehrern und Schülern gleichermaßen lastet, tut hingegen **Reduktion** und eindeutige **Schwerpunktbildung** not.
Was hilft, sind realistische **Stundenkonzepte,** in denen interessante Materialien mit Sachinformationen und Arbeitsaufträgen didaktisch so überzeugend verknüpft werden, daß sich der Unterricht auf zentrale Aspekte hin zuspitzen läßt, ohne an Anschaulichkeit zu verlieren.
Um einen lebendigen und schülernahen Arbeitsunterricht zu gewährleisten, enthält dieses Bändchen **12 Stundenkonzepte** (von denen 8 den Kern der Sequenz ausmachen), welche jeweils das Thema angeben, sowie Leitfragen, Hausarbeitsvorschläge, Verknüpfungsmöglichkeiten und Zusatzimpulse umfassen. Thema und Leitfragen sind hierbei jeweils so formuliert, daß die Zielorientierung für die Stunde deutlich wird. Zur individuellen Handhabung durch den Lehrer/die Lehrerin werden jedem Quellenausschnitt Hintergrundinformationen und Merksätze zugeordnet. Sie eignen sich besonders zur wörtlichen und sinngemäßen Übernahme an die Tafel und ins Schülerheft sowie zur Orientierung der Lehrer- und Schülerdarbietung.
Die **didaktischen Begründungen** im Anschluß daran fundieren die 12 Einzelstunden in inhaltlicher und methodischer Hinsicht.
Die zusätzlichen Anregungen in den **»Stundenbausteinen«** tragen dem Umstand Rechnung, daß der Lehrer/die Lehrerin auch für besonders schwierige oder interessierte Lerngruppen Materialvorschläge erwarten kann, etwa in Form raffinierter Einstiege oder spannender Lehrererzählungen. Hierdurch wird es auch möglich, Stundenschwerpunkte anders zu wählen oder Materialien alternativ einzusetzen.
Die Lernkontrolle wird u.a. durch **2 Klausurvorschläge** erleichtert, bei denen zwischen grundlegender und erweiterter Aufgabenstellung gewählt werden kann, um Binnendifferenzierungen zu ermöglichen.
Lektüreanregungen, Zeittafel und Begriffsliste geben zusätzliche Hilfen für Unterricht und Selbststudium.
Diese Unterrichtseinheit eignet sich für die Sekundarstufe I und II.

Unterrichtswerkstatt Geschichte und Politik

herausgegeben von Hans Endlich

Warum eine Unterrichtseinheit »Französische Revolution 1789-1794«?

Die Französische Revolution ist neben der Industrialisierung wohl das Ereignis, das unsere Gegenwart am schärfsten von früheren Epochen trennt. Sie leitet wohl am augenfälligsten die Geschichte des demokratisch, kapitalistisch, sozialstaatlich und sozialistisch geprägten Europas ein. Mit ihr beginnen Versuche, Mitbestimmung »des Volkes« in Territorialstaaten zu verwirklichen; Gleichheit, auch soziale, herzustellen; Sexismus abzubauen; selbstbewußt gewordene Nationen in ein neues Machtgleichgewicht zu setzen.

Solche Veränderungen, selbst schon hervorgegangen aus widerstreitenden Interessen und Vorstellungen, mobilisieren ihrerseits Kräfte der Beharrung und des Widerstands. So entsteht beim Betrachter der Französischen Revolution das verwirrende Bild einer Epoche, in der alle gegen alle zu kämpfen, Politiker - hier eine ungewöhnliche Vielzahl profilierter Einzelerscheinungen - sich in Streit und Machtkampf, in Intrige, Verrat, Machtgier und rücksichtsloser Interessenpolitik aufzureiben scheinen.

Entscheidender als die Frage: »Warum eine Unterrichtseinheit ›Französische Revolution‹?« ist daher die andere: »Wie eine Unterrichtseinheit ›Französische Revolution‹?«

Die Unterrichtseinheit geht aus von der Feststellung offenkundiger politischer, juristischer, sozialer und ökonomischer Ungleichheit im absolutistischen Frankreich und untersucht vorzugsweise am Beispiel der politischen Ungleichheit, wie Menschen in der Französischen Revolution darauf reagiert, was sie geändert haben oder zu ändern versuchten. Dieser Zugang dürfte Schülern und Schülerinnen Nachfrage, Nachdenken und eigene Stellungnahme erleichtern; denn für Ungerechtigkeit - und das ist aus heutiger wie aus der Sicht der Kritiker im 18. Jahrhundert die Ungleichheit im ancien régime - haben Heranwachsende eine besondere Empfindlichkeit. Die historische Untersuchung erhält damit einen politischen Schwerpunkt, der die Betrachtung der Vergangenheit mit einer Orientierung in der Gegenwart verbindet: Das Nachdenken über »Gleichheit« als Ziel der Politik ist bis heute nicht abgeschlossen.

Da die Versuche der Jakobiner, Gleichheit herzustellen, für lange Zeit die am weitesten gehenden Experimente blieben, endet die Unterrichtseinheit mit ihrem Sturz. Die 12. Stunde eröffnet den Ausblick auf nachfolgende Epochen.

1. Stunde

Stundenthema: **Absolutismus in Frankreich**

Wie mächtig ist der König?

1. Leitfrage: ***Was sieht das Volk vom König und seiner Macht?***

(1788) »Zu Pfingsten fährt der Pariser [...] nach Versailles [...], um dort die Prinzen, die Prinzessinnen, die Prozession der Würdenträger, den Park und nicht zuletzt die königliche Menagerie zu bestaunen. Er hat an diesem Tag freien Zutritt zu den großen Gemächern, wogegen ihm die viel prächtigeren und interessanteren kleinen verschlossen bleiben.
Zur Mittagszeit drängt sich das Volk [...], um den König, die Königin, [...] zur Kirche gehen zu sehen. Dann sagt der eine Gaffer zum andern: ›Hast du den König gesehen?‹ ›Ja, er hat gelächelt.‹« Louis Sébastien Mercier: Mein Bild von Paris 1

Stützfrage: Warum darf das Volk einmal im Jahr die Pracht des Hofes von Versailles bestaunen?

Hintergrund/ Merksatz: Der Abstand zwischen König, Adel und Volk wird nicht verwischt, sondern betont, weil so die von Gott gewollte Ordnung auch äußerlich sichtbar werden soll.

Begriffe: Herrscher, Untertan

Namen: Ludwig XVI. (1754–1793), Versailles

Verknüpfung: Welche Vorstellung entsteht bei den Untertanen, wenn sie den König nur in seiner Pracht sehen?

2. Leitfrage: ***Was hat der König zu tun?***

(1672) »Ich bin über alles unterrichtet, höre auch meine geringsten Untertanen an, weiß jederzeit über Stärke und Ausbildungsstand meiner Truppen und über den Zustand meiner Festungen Bescheid, gebe unverzüglich meine Befehle [...], verhandle unmittelbar mit den Gesandten [. . .]. Ich regle Einnahmen und Ausgaben des Staates und lasse mir von denen, die ich mit wichtigen Ämtern betraue, persönlich Rechnung legen [. . .].«

Ludwig XIV.: Memoiren 2

Stützfrage: Was können die Nachfolger Ludwigs XIV. daraus lernen?

Hintergrund/ Merksatz: Mit der absoluten Monarchie ist das Streben nach Zentralisierung aller Macht in der Person des Monarchen und seiner Regierung verbunden.

Begriffe: Absolutismus, Zentralgewalt

Verknüpfung: Wodurch könnte der König seine Macht absichern?

3. Leitfrage:* *Worauf stützt sich die Macht des Königs?

(1700)

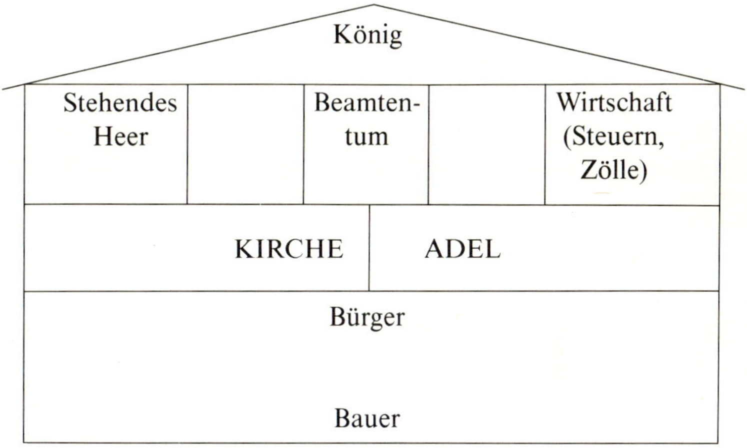

Stützfrage: Was sagt das Schaubild über den Aufbau der Gesellschaft aus?

Hintergrund/ Merksatz: Der absolute Monarch steht herausgehoben über der Ständegesellschaft.

Begriffe: Monarch, Ständegesellschaft

Hausarbeit: 1774 wird Ludwig XVI. König. Welche Machtstellung hat er geerbt?

2. Stunde

Stundenthema: **Von den Generalständen zur Nationalversammlung**
Was will der König, was wollen die Vertreter des Volkes?

1. Leitfrage: ***Was erwartet Ludwig XVI. von den Generalständen?***

(5.5.1789) »Meine Herren! [...] Ich sehe mich von den Vertretern der Nation umgeben, über die zu gebieten ich mich rühme. [...] Die Staatsschuld, die schon bei meiner Thronbesteigung über alle Maßen groß war, ist unter meiner Herrschaft noch weiter angewachsen [...]. Die Vermehrung der Steuern war die notwendige Folge und hat ihre ungleiche Verteilung noch ungerechter gemacht. Eine allgemeine Unruhe, ein übertriebenes Verlangen nach Neuerungen hat sich der Gemüter bemächtigt und würde schließlich die Meinungen vollends verwirren, wenn man sich nicht beeilte, sie durch eine Vereinigung von weisen und maßvollen Ratschlägen in eine feste Richtung zu lenken. In dieser Zuversicht, meine Herren, habe ich sie versammelt [...].«

Rede des Königs zur Eröffnung der Generalstände 4

Stützfrage: Welche Schwierigkeiten deutet der König an?

Hintergrund: Nach den an Adel und Klerus gescheiterten Versuchen von 1787/88, die Staatsfinanzen durch Besteuerung von Grundeigentümern zu sanieren, muß der König die Generalstände zum ersten Mal seit 1614 nach Versailles einberufen, um der Staatskrise Herr zu werden. Die Generalstände haben das Recht, neue Steuern zu bewilligen.

Merksatz: Die Generalstände sollen dem König helfen, den Staatshaushalt zu sanieren und Ruhe im Land zu schaffen.

Begriffe: Generalstände, Nation, Staatshaushalt

Information: Alle männlichen, steuerzahlenden Franzosen über 25 Jahre können wählen; je nach Stand in ein, zwei oder drei Stufen. Die Abstimmung erfolgt nach Ständen. D.h., jeder Stand gibt eine Stellungnahme ab getrennt von den anderen.

Verknüpfung: Wie berechtigt ist die Erwartung des Königs?

2. Leitfrage: ***Wie sieht die finanzielle Situation Frankreichs aus?***

(1788)

Einnahmen (direkte/indirekte) Steuern	503	Mio.	Livres
Ausgaben	629	"	"
– Zivile Ausgaben u.a.:			
Bildung und Fürsorge	12	Mio.	Livres
Hofhaltung	36	"	"
Pensionen für Adlige	28	"	"
– Militärische Ausgaben u.a.:			
Offiziersgehälter	46	"	"
– Schuldendienst:	318	"	"

Stützfrage: Woher kommen die Mittel, um das Defizit zu decken?

Hintergrund: U.a. die Kriege Ludwigs XIV. und die Hofhaltung Ludwigs XV. haben die Verschuldung verursacht.

Information: Direkte Steuern sind: Taille (allgemeine Königssteuer; 1. und 2. Stand befreit), Kopfsteuer und Zwanzigster (1. Stand von beiden befreit).
Indirekte Steuern sind z. B.: allgemeine Verbrauchssteuern (z. B. auf Salz); Zölle; freiwillige Abgaben des 1. Standes.

Merksatz: Die Sanierung der Staatsfinanzen kann nicht vom 3. Stand allein, sie muß mit dem Verzicht des 1. und 2. Standes auf einen Teil seiner Steuerbefreiung geleistet werden.

Begriffe: direkte und indirekte Steuern, Defizit, Staatsfinanzen

Verknüpfung: Wovon hängen Zugeständnisse des 1. und 2. Standes ab?

Vergleich: Worin besteht die politische und rechtliche Ungleichheit im Absolutismus?

3. Leitfrage: ***Wie setzen sich die Generalstände zusammen?***
(1789)

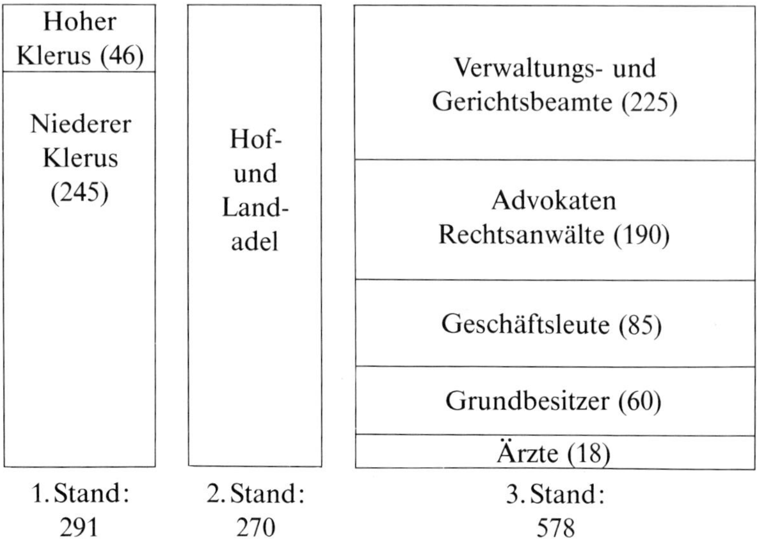

Leitfrage: ***Wen vertreten die Mitglieder der Generalstände?***

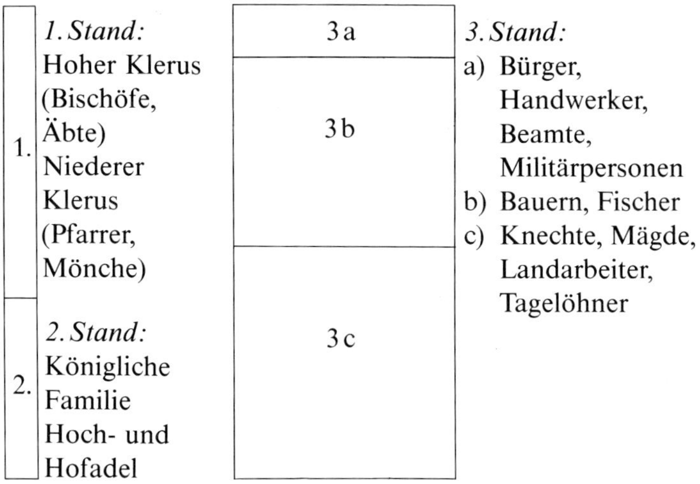

Anteil an der Bevölkerung: 2%

Anteil an der Bevölkerung: 98%

Gesamtbevölkerung Frankreichs: 26 Mio.

4. Leitfrage: ***Warum erklärt sich die Versammlung der Vertreter des 3. Standes zur Nationalversammlung?***

(17. 6. 1789) »Die Versammlung erklärt [. . .], daß das gemeinsame Werk der nationalen Neuordnung unverzüglich von den anwesenden Abgeordneten in Angriff genommen werden kann [. . .]. Die Bezeichnung Nationalversammlung ist die einzige, welche [. . .] der Versammlung zukommt [. . .], weil ihre Mitglieder [. . .] auf direktem Wege von der überwiegenden Mehrheit der Nation entsandt sind.« Moniteur 7

Stützfrage: Was unterscheidet die Nationalversammlung von der Versammlung des 3. Standes?

Hintergrund: Die wirtschaftlichen, politischen und sozialen Mißstände haben zur Wahl von Reformbefürwortern in die Generalstände geführt. Der 3. Stand fordert die Abstimmung nach Köpfen.

Merksatz: Da König, 1. und 2. Stand zur Reform des Staates nicht bereit oder fähig sind, nimmt sich die Nation das Recht, selbst die Initiative zu ergreifen.

Begriffe: Repräsentant, Abgeordneter, Nationalversammlung

Rückbezug (Hausarbeit): Vergleiche die Einschätzung der Lage durch den König am 5. 5. 1789 mit der tatsächlichen Entwicklung bis zum 17. 6. 1789!

3. Stunde

Stundenthema: **Sturm auf die Bastille**

Wofür kämpft das Volk von Paris?

1. Leitfrage: ***Welche Parolen verkündet Desmoulins?***

(16.7.1789) »Am Sonntag war ganz Paris bestürzt über die Entlassung Neckers [...]. Ich schließe mich ihnen an, [...] man drängt mich, auf einen Tisch zu steigen: in einer Minute habe ich sechstausend Menschen um mich. ›Bürger‹, sage ich, ›ihr wißt, die Nation hatte gefordert, daß Necker ihr erhalten bliebe [...]: man hat ihn davongejagt! Kann man euch frecher trotzen? Nach diesem Streich werden sie alles wagen [...]. Zu den Waffen‹, sagte ich, ›zu den Waffen!‹ [...] Ich entsinne mich, daß ich mit den Worten schloß: ›Die niederträchtige Polizei ist hier. Wohlan! sie soll mich gut betrachten, [...] ja, ich bin es, der meine Brüder zur Freiheit aufruft.‹« C. Desmoulins in einem Brief an seinen Vater 8

Stützfrage: Warum hören die Leute Desmoulins zu?

Hintergrund: Am 11.7. wird der Finanzminister Necker entlassen. Er ist populär, weil er die Einberufung der Generalstände gefördert hat. Gleichzeitig werden vom König Truppen zusammengezogen.

Merksatz: In der Abwehr der Entmündigung durch die Regierung werden aus Untertanen Bürger einer Nation.

Begriffe: Bürger, Widerstand, Freiheit

Name: Camille Desmoulins (1760–1794)

Rückbezug: Wie schilderte Mercier die Pariser, die noch 1788 nach Versailles pilgerten?

2. *Leitfrage:* ***Wie verhält sich die aufständische Bevölkerung von Paris?***

(13./14.7. 1789)

»13.7. - Martin, mein Diener [. . .] sagt mir, das Hôtel de France sei gestürmt, alle Gefangenen befreit. [. . .] Man verschafft sich Waffen, wo man sie findet; [. . .] in das Kloster Saint Lazare ist man vorgedrungen und entdeckt dort ein Getreidelager, [. . .]. Man verlädt die Vorräte [. . .], um sie auf den Markt zu schicken [. . .].«

»14.7. - Während ich bei Monsieur L.C. bin, kommt jemand und verkündet, die Bastille sei genommen, der Gouverneur enthauptet, der Vorsteher der Kaufmannschaft gleichfalls. [. . .] Die Köpfe werden im Triumph durch die Straßen getragen.«

Tagebuchnotiz des späteren amerikanischen Senators Morris 9

»Niemals sah man [. . .] solche Beweise der Tapferkeit wie an diesem Tag bei der führerlosen Menge von Menschen aller Stände, von Arbeitern jeder Art, die, meist schlecht bewaffnet und ohne jemals mit Waffen umgegangen zu sein, dem Feuer der Wälle [der Bastille] trotzten [. . .].«

Bericht des Juristen Kerversau vom 14.7. 10

Hintergrund: Die Bastille, in der Menschen auf Befehl des Königs ohne Prozeß ihr Leben lang eingesperrt bleiben konnten, symbolisiert Unfreiheit und die Unterdrückung durch den Absolutismus.

Merksatz: Mit dem Sturm auf die Bastille unterstützt die Bevölkerung von Paris die Abgeordneten in der Nationalversammlung.

Begriff/Name: Bastille

Stützfrage: Warum wird gerade die Bastille gestürmt?

Verknüpfung: Welche Auswirkungen könnte der Sturm auf die Bastille auf die Vorgänge in Versailles haben?

3. *Leitfrage:* ***Was bedeutet der 14. Juli 1789 für den König?***

(17.7.1789) »Wir waren sehr begierig, [...], zu sehen, wie der Monarch so, ich möchte fast sagen, als Gefangener herangeführt wurde. [...]; der König in einer geräumigen einfachen Kutsche mit acht Pferden. [...]. Er erhielt vom Volk weder Zeichen des Beifalls noch der Schmähung, [...]. Der [...] begeisterte Beifall des Volkes galt den Vertretern des dritten Standes. [...] ›Hoch der dritte Stand! Hoch die Freiheit!‹ das wurde immer wieder laut gerufen, [...]. Der König begab sich zum Rathaus [...]. Er versuchte [...], eine Ansprache ans Volk zu halten, aber er war verlegen, und [...] jemand anders, der in seiner Nähe stand, sagte etwas für ihn; worauf er als äußeres und sichtbares Zeichen seiner Zustimmung die Volkskokarde anlegte. Dies rief stürmischen Beifall hervor, und er kehrte zurück, umbraust von den Zurufen: Es lebe der König!« Bericht des englischen Arztes Dr. Rigby 11

Stützfrage: Warum jubelt das Volk dem König zu, als er die Volkskokarde anlegt?

Hintergrund: Kokarden waren im 18. Jahrhundert militärische Feldzeichen. Sie zeigten an, wer zu wem gehörte. Die Volkskokarde verband Rot und Blau, die Farben der Stadt Paris, das Abzeichen der Aufständischen, mit dem Weiß der Bourbonen. Daraus wurde die Trikolore, Frankreichs Nationalflagge.

Merksatz: Der König wird gedemütigt und gezwungen, die Nationalversammlung anzuerkennen.

Begriffe: (Volks-)Kokarde, Trikolore

Hausarbeit: Welche Machtposition hat Ludwig XVI. nach dem 14. Juli 1789 inne?

4. Stunde

Stundenthema: **Die Verfassung von 1791**

Wie wird die Macht im Staat verteilt?

1. Leitfrage: ***Was sind »Menschen- und Bürgerrechte«?***

(26.8.1789) »Art. 1. Die Menschen (frz. ›homme‹ = Mann, Mensch) sind und bleiben von Geburt frei und gleich an Rechten [...]
Art. 2. Das Ziel jeder politischen Vereinigung ist die Erhaltung der natürlichen und unveräußerlichen Menschenrechte. Diese Rechte sind Freiheit, Eigentum, Sicherheit und Widerstand gegen Unterdrückung.
Art. 3. Der Ursprung jeder Souveränität [= Herrschaft] ruht letztlich in der Nation. Keine Körperschaften, kein Individuum können eine Gewalt ausüben, die nicht ausdrücklich von ihr ausgeht.«

Aus: Erklärung der Menschen- und Bürgerrechte durch die Nationalversammlung 12

Stützfrage: Womit werden gleiche Rechte für alle Menschen begründet?

Hintergrund: Der Sturm auf die Bastille und die anschließenden Bauernunruhen schaffen die politische Situation, in der die Beseitigung des Feudalismus und die Erklärung der Menschen- und Bürgerrechte möglich werden, die einen Teil der Verfassung von 1791 bilden.

Merksatz: Die alte ständische Ordnung ist mit den Menschen- und Bürgerrechten unvereinbar.

Begriffe: Feudalordnung, Naturrecht, Menschenrechte, Volkssouveränität

Verknüpfung: Was ändert sich für König, Klerus und Adel?

2. Leitfrage: ***Was sagt die Verfassung über die Verteilung der Rechte und Pflichten im Staat aus?***

(3.9.1791)

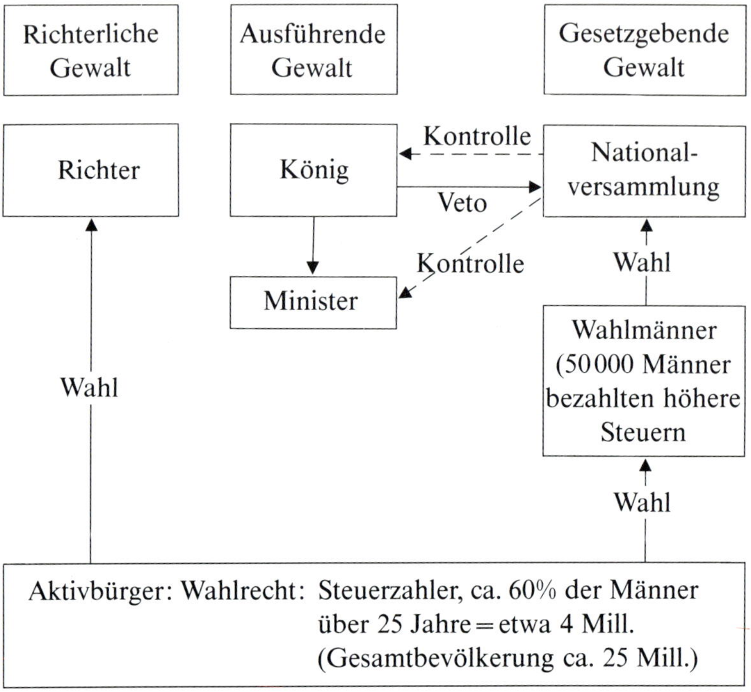

Die Verfassung von 1791 13

Stützfrage: Welche Rechte verliert der König?

Hintergrund/ Merksatz: Der Schwur des Königs auf die Verfassung am 14.9.1791 besiegelt äußerlich die Abschaffung des Absolutismus und die Errichtung einer konstitutionellen Monarchie.

Begriffe: Gewaltenteilung, konstitutionelle Monarchie

3. Leitfrage: ***Wer ist nach der Verfassung ein aktiver Bürger?***

(3.9.1791) »Art. 2: Um aktiver Bürger zu sein, ist es notwendig, als Franzose geboren oder Franzose geworden zu sein, das 25. Lebensjahr vollendet zu haben, seinen Wohnsitz in der Stadt oder dem Kanton seit der durch das Gesetz festgelegten Zeit zu haben, in irgendeinem Orte des Königreiches eine direkte Steuer zu zahlen, die wenigstens dem Wert von drei Arbeitstagen gleichkommt und darüber eine Quittung vorzulegen, nicht dem Bedientenstand anzugehören, d.h. Lohndiener zu sein, im Rathaus seines Wohnsitzes in die Liste der Nationalgarde eingeschrieben zu sein, den Bürgereid geleistet zu haben.«

Aus: Verfassung des Königreich Frankreich 14

Stützfrage: Wer darf wählen, wer darf gewählt werden? (Vgl. auch das Schaubild der Verfassung)

Hintergrund/ Merksatz: In der Verfassung von 1791 werden den besitzenden Bürgern Vorrechte eingeräumt.

Begriffe: Nationalgarde, Zensuswahlrecht

Hausarbeit (Rückbezug): Wer kann mit der neuen Verfassung zufrieden sein, wer nicht? Schreibe eine Stellungsnahme aus der Sicht eines Angehörigen einer der gesellschaftlichen Gruppen. (Vgl.: 2. Stunde)

5. Stunde

Stundenthema: **Bürgertum**

Was fängt das Bürgertum mit seiner Macht an?

1. Leitfrage: ***Wie sehen sich Bürger selbst?***

(1789) »Der Plan dieser Schrift ist ganz einfach. Wir haben uns drei Fragen vorzulegen.

1. Was ist der dritte Stand? ALLES.
2. Was ist er bis jetzt in der politischen Ordnung gewesen? NICHTS.
3. Was verlangt er? ETWAS ZU SEIN. [. . .]

Der dritte Stand ist eine vollständige Nation. Was ist nötig, damit eine Nation bestehen kann und gedeiht? Arbeiten im Privatinteresse und öffentliche Dienste.

Die dem Privatinteresse dienenden Arbeiten kann man in vier Kategorien einteilen:

1. [. . .] Feldarbeit [. . .].
2. [. . .] Hausarbeit [. . .].
3. [. . .] Vertrieb [. . .].
4. [. . .] Dienstleistungen [. . .].

Das sind die Arbeiten, die die Gesellschaft erhalten. Wer verrichtet sie? Der dritte Stand.

Auch alle öffentlichen Dienste lassen sich [. . .] in die vier [. . .] Zweige einteilen: Militärdienst, Rechtspflege, Kirche und Staatsverwaltung. [. . .] überflüssig, sie einzeln durchzugehen, um zu zeigen, daß der Dritte Stand auf allen diesen Gebieten neunzehn Zwanzigstel leistet, nur daß er mit allen wirklich beschwerlichen Arbeiten belastet wird, [. . .]. Nur die einträglichen und ehrenvollen Stellen sind von Mitgliedern des privilegierten Standes besetzt.«

Abbé E. Sieyès: Was ist der dritte Stand? 15

Stützfrage: Wieso können Bürger so selbstbewußt sein?

Hintergrund/ Merksatz: Sieyès Schrift ist ein Beleg dafür, wie in der Zeit der Aufklärung Untertanen über den Staat nachzudenken und zu urteilen beginnen und so ihren Anspruch auf eine Mitbestimmung als Staatsbürger vorbereiten.

Begriffe: Aufklärung, Nation

2. Leitfrage: ***Wem nützt die neue Verfassung am meisten?***

(1791) »Die neugebildeten politischen Institutionen hatten allein die Aufgabe, die Herrschaft der siegreichen Bourgeoisie vor jeglicher Art von gewaltsamer Rückkehr der Aristokratie und Monarchie wie auch vor jedem Befreiungsversuch des Volkes zu bewahren.«

A. Soboul: Die Große Französische Revolution. 16

Stützfrage: Wer gehört zur Bourgeoisie?

Hintergrund/ Merksatz: Nach der Verfassung vom 3.9.1791 verlieren 1. und 2. Stand ihre Privilegien, der besitzlose Teil des 3. Standes ist von der aktiven Teilnahme an der Politik ausgeschlossen. Gewonnen hat das Besitzbürgertum.

Begriff: Bourgeoisie (= Besitzbürgertum/Wirtschaftsbürgertum)

Rückbezug: Wieweit ist rechtliche und politische Gleichheit jetzt in Frankreich hergestellt?

3. Leitfrage: ***Was fängt das Bürgertum mit seiner Macht an?***

(Dez. 1791) »Der Krieg ist zur Festigung der Freiheit unumgänglich. Er ist notwendig, [. . .] damit die Leute verschwinden, die die Freiheit korrumpieren könnten. [. . .] Ihr müßt Rebellen [= die Emigranten] bestrafen, die Kraft dazu habt ihr, also entschließt euch auch dazu. [. . .] Welches Ziel soll [. . .] dieser Krieg haben? Wir müssen [. . .] diese Räuberbande vernichten. Andernfalls müssen wir uns damit abfinden, daß Parteiungen, Verschwörungen und Brandstiftungen andauern und die Unverschämtheit der Aristokraten noch unverhohlener wird als je zuvor.«

Brissot: Das Volk muß Krieg führen 17

Stützfrage: Warum ist Brissot, ein namhafter Vertreter des Bürgertums, für den Krieg?

Hintergrund/ Merksatz: Der Krieg gegen Österreich erscheint maßgeblichen Teilen des Besitzbürgertums als Ausweg, um dem adligen Widerstand und der Unzufriedenheit im Volk zu begegnen.

Name: Jacques Pierre Brissot (1754–1793)

Begriffe: Emigrant, Rebell = »Konterrevolutionäre von Koblenz«

4. Leitfrage: ***Welche Staatsform soll Frankreich haben?***

(26.7.1792) »Wenn es Männer gibt, die jetzt die Republik auf den Trümmern der Verfassung errichten wollen, so soll sie die ganze Schärfe des Gesetzes ebenso treffen wie die [...] Konterrevolutionäre von Koblenz.«

Brissot: Rede zur Verteidigung der Konstitutionellen Monarchie 18

Stützfrage: Warum hält Brissot an der konstitutionellen Monarchie fest?

Hintergrund/ Merksatz: Die Verfassung von 1791 sichert dem Besitzbürgertum die politische Vorherrschaft in Frankreich.

Begriffe: Republik, Konterrevolution

Hausarbeit: Wovon könnte es abhängen, ob das Besitzbürgertum die Macht, die es errungen hat, auch behalten kann?

6. Stunde

Stundenthema: **Das Ende der konstitutionellen Monarchie**

Warum kann der König seinen Platz nicht behaupten?

1. Leitfrage: ***Was könnte der König tun, um an der Macht zu bleiben?***

(14.10.1790) »[...]: Was ist unter der Volkspartei zu verstehen, der man [d.h.: der König] sich anschließen soll?
[...]: Die wahrhaft volkstümliche Partei ist jene, die die Verfassung gegen die Unzufriedenen aufrechterhalten will. Der Hof wird ihr angehören, wenn er diesen keine Hoffnung gibt; wenn er ohne Rückhalt die alte Magistratur, den Adel und den Klerus aufgibt, mit seinem ganzen Einfluß die gegenwärtige Majorität der Versammlung zu unterstützen scheint. Vereinigt sich der Hof mit dieser, so hat er das Recht, sie zu leiten, und leiten ist regieren.«

H.G. de Mirabeau: Note an den Hof 19

Stützfrage: Wer zählt zur »Volkspartei«?

Hintergrund/ Merksatz: Der 1. und 2. Stand, Heer und Beamtenapparat reichen als Basis für die Herrschaft des Königs nicht mehr aus. Der reiche und gebildete Teil des 3. Standes hätte eine neue Machtbasis abgeben können, wenn der König deren Forderungen als berechtigt anerkannt hätte.

Begriffe: Hof, Partei

2. Leitfrage: ***Welche Politik betreibt der König?***

(Juli 1791) »Jedermann in Europa weiß sehr wohl von der Liebe des Königs zu seinen Untertanen und dem großmütigen Verhalten, das er anläßlich der Einberufung der Generalstände und bei allen anderen Gelegenheiten seit der Eröffnung der Versammlung an den Tag gelegt hat. Des Königs Beweise der Güte und Großmut wurden mit zahllosen Beleidigungen seiner Person und seiner Familie und der Gefangenschaft, in der er seit fast zwei Jahren gehalten wird, entgolten. [...] Der König hat beschlossen, Europa den Zustand bekanntzugeben, in welchem er sich befindet, und indem er seine Leiden dem Kaiser, seinem Schwager, anvertraut, zweifelt er nicht, daß dieser alle Maßnahmen treffen wird, die ihm sein edelmütiges Herz einflößt, um dem König und dem Königreich Frankreich zu Hilfe zu kommen.«

Ludwig XVI.: Geheimschreiben an Kaiser Leopold II. 20

Stützfrage: Welche Hilfe erhofft sich Ludwig von seinem Schwager Leopold II.?

Information: Ludwig XVI. will den Krieg, um mit Hilfe der siegreichen feindlichen Heere die Revolution niederwerfen und seine absolutistische Herrschaft fortsetzen zu können.

Hintergrund/Merksatz: Ludwig XVI. schwankt zwischen Drohung und Rückzug (Juli 1789), zwischen Geheimpolitik gegen die Nationalversammlung und Anerkennung ihrer Forderungen (Eid auf die Verfassung am 14.9.1791).

Name: Leopold II., 1747-1792, Kaiser des Heiligen Römischen Reiches Deutscher Nation

Rückbezug/(Hausarbeit): Vergleiche das Verhalten des Königs im Juli und September 1791 mit seinem Verhalten im Juli 1789.

3. Leitfrage:* *Warum soll Ludwig XVI. hingerichtet werden?

(13.11.1792) »[...] Dieselben Männer, die Ludwig richten werden, haben eine Republik zu begründen; diejenigen, die der gerechten Bestrafung eines Königs einige Bedeutung beimessen, werden niemals eine Republik begründen. [...] Dieser Mensch muß herrschen oder den Tod erleiden. [...] Ludwig hat gegen das Volk gekämpft und wurde besiegt. Er ist ein Barbar, ein kriegsgefangener Fremder. Ihr seid seiner hinterlistigen Pläne und seiner Armee ansichtig geworden. Der Verräter war nicht König der Franzosen, sondern nur König einiger Verschwörer. Er hob insgeheim Truppen aus und hatte seine eigenen Beamten. Er sah die Bürger als seine Sklaven an. [...] Er ist der Mörder der Bastille, [...]. Welcher Feind, welcher Ausländer hat uns mehr Schaden zugefügt? [...]«

Saint-Just: Rede im Nationalkonvent 21

Stützfrage: Was bedeutet die Gegenüberstellung von »König« und »Volk«?

Hintergrund:	Mißerfolge der französischen Armee im Krieg gegen Österreich und Drohungen des feindlichen Heerführers gegenüber der Pariser Bevölkerung tragen entscheidend dazu bei, daß am 10.8.1792 Pariser Volk die Tuilerien stürmt. Danach wird der König unter strenge Bewachung gestellt, im September abgesetzt, im Dezember angeklagt und im Januar zum Tode verurteilt und hingerichtet.
Merksatz:	Die Hinrichtung eines Königs von Gottes Gnaden bedeutet den endgültigen Bruch der französischen Nation mit den benachbarten europäischen Monarchien. Sie bedeutet auch eine Niederlage für das gemäßigte Besitzbürgertum.
Begriffe:	Gottesgnadentum, Republik

7. Stunde

Stundenthema: **Klerus**

Warum sind so viele Geistliche unzufrieden?

1. Leitfrage: ***Wie leben Bischöfe?***

(1788) »Immer wenn Bischöfe ihr Hirtenamt im Stich lassen, [. . .], verletzen sie leichthin und ohne Gewissensbisse das Residenzgesetz. Aus ihren Diözesen, wo sie sich wie in der Verbannung fühlen, vertreibt sie die Langeweile. Fast alle zieht es nach Paris, weil sie dort in der Menge untertauchen, ihren Reichtum ungehemmt genießen und jene Freiheit finden können, die ihnen zu Hause, wo sie sich dem Zwang der Schicklichkeit und der Etikette beugen müssen, versagt bleibt. [. . .] Wenn da wenigstens die Bischöfe, die sich keinerlei Verstöße gegen das Residenzgesetz zuschulden kommen lassen, etwas taugten! [. . .] Doch gerade sie machen sich [. . .] unerträglich durch [. . .] geschäftige Frömmelei und jene kleinliche Borniertheit, die so leicht in blindes, unüberlegtes Eiferertum und in Fanatismus umschlägt und sind so den Bewohnern ihrer Diözese ebenfalls ein Ärgernis.«

L. S. Mercier: Mein Bild von Paris 22

Stützfrage: Was kritisiert Mercier an den Bischöfen?

Hintergrund/ Merksatz: Die scharfe Kritik der Aufklärer an Kirche und Klerus trägt dazu bei, die Grundlagen des Absolutismus zu schwächen.

Begriffe: Bischof, Diözese

2. *Leitfrage:* ***Wirkt sich das, was Mercier schreibt und was die Bevölkerung selbst sehen kann, auf den Glauben aus?***

(1710–1789) Testamente, in denen Bestimmungen zur Feier von Messen für die Verstorbenen enthalten sind (Anteil auf 100 bezogen):

	Testamente von Männern	Testamente von Frauen
vor 1710	70	84
um 1750	80	88
1760–69	66	75
1770–79	57	68
1780–89	46	67

Goubert: L'Ancien Régime 23

Stützfrage: Welche Rückschlüsse auf die Treue zur katholischen Kirche läßt die Untersuchung zu?

3. *Leitfrage:* ***Was ändert sich für den Klerus 1789/90?***

(1789/90) Die Nationalversammlung beschließt:

4. 8. 1789 Abschaffung des Kirchenzehnten

2. 11. 1789 Nationalisierung der Kirchengüter: »Art. 1. Alle kirchlichen Güter sollen zur Verfügung der Nation stehen, mit der Einschränkung, daß, unter der Aufsicht und nach den Weisungen der Provinzen, auf angemessene Weise für die Kosten des Gottesdienstes, den Unterhalt der Priester und die Armenpflege gesorgt wird.« 24

12. 7. 1790 Bürgerliche Kirchenverfassung, die die Kirche der Kontrolle der Nation unterstellt.

27. 11. 1790 Priestereid auf die Verfassung

Verknüpfung: Was wurde aus den Privilegien und dem Besitz der Kirche?

Hintergrund/Merksatz: Mit dem Zehnten, der 1/20 aller Ernteerträge ausmacht, verliert die Kirche eine wichtige Einnahmequelle. Die Nationalisierung der Kirchengüter – wohl 6 bis 10% des Grundbesitzes – soll die Finanzkrise lösen helfen. Aber jetzt muß der Staat die Priester besolden. So werden Priester und Bischöfe staatliche Beamte. Die Neuordnung durch die Kirchenverfassung ist die Folge.

Begriffe: Zehnter, Kirchenverfassung, Beamter

4. Leitfrage:	***Wie reagieren Bischöfe und Priester?***
(1790/91)	»Am 27. November 1790 war die Nationalversammlung des Wartens müde und verlangte von allen Priestern den Treueid auf die Verfassung des Königreichs, das heißt gleichzeitig auf die Zivilverfassung, die in jener enthalten war. Nur sieben Bischöfe [von 130] leisteten den Eid. Die Pfarrer teilten sich in zwei ungefähr gleichgroße Gruppen, die aber je nach Gebiet sehr ungleich verteilt waren. Die **Vereidigten** oder **Verfassungstreuen** waren im Südosten in der Mehrheit, die **Eidverweigernden** im Westen. Die Verurteilung der Zivilverfassung durch den Papst machte diesen Zustand endgültig.« A. Soboul: Die Große Französische Revolution 25
Stützfrage:	Was bedeutet die Verweigerung des Eides?
Hintergrund/ Merksatz:	Die Nationalversammlung scheitert bei dem Versuch, die Anerkennung der Zivilverfassung zu erzwingen; es kommt zum Bruch zwischen Kirche und Staat und zur Spaltung der französischen Kirche.
Begriffe:	Trennung von Kirche und Staat, Kirchenspaltung
Information:	Für die vielen Gläubigen können Kleriker, die den Eid geleistet und damit dem Papst ungehorsam geworden sind, nicht mehr wirksam die Sakramente erteilen. Die Gläubigen geraten in einen Zwiespalt zwischen ihrem Glauben und der neuen Staatsordnung.
Hausaufgabe:	Wie sollten Deiner Meinung nach die Revolutionäre auf den Widerstand der Priester reagieren, wenn die Mehrheit der Bevölkerung an der römisch-katholischen Religion festhält?

8. Stunde

Stundenthema: **Bauern**

Warum sind so viele Bauern unzufrieden?

1. Leitfrage: ***Wem gehört der Boden?***

(1789) Bodenverteilung 1789

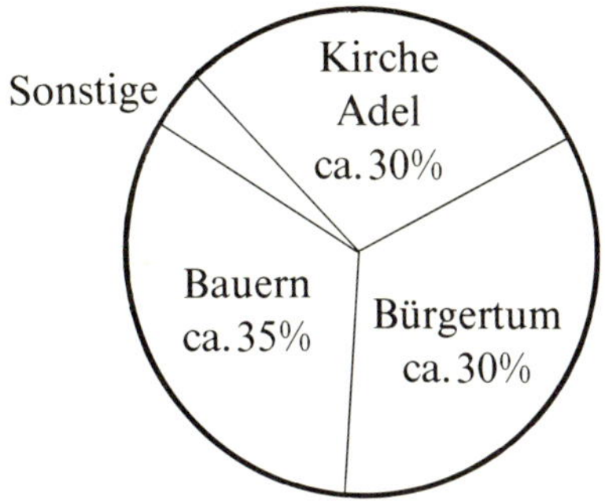

- Bürger: ca. 2 Mill.; davon: 1% Großbürger (Bankiers, Reeder, Generalpächter, Manufakturbesitzer), 10% Rentiers, 20% freie Berufe, 66% Kleinbürger (Handwerker, Lohnarbeiter, Händler, Gesellen, Bedienstete)
- Bauern: ca. 22 Mill.; davon: unter 10% Großbauern (mit Überschußwirtschaft), über 50% Kleinbauern (meist unter 2 ha, Heimarbeiter), 40% landlose Tagelöhner (Kätner).

(Die Angaben beruhen auf Schätzungen) 26

Stützfrage: Wie beurteilst Du die Möglichkeit für die Bevölkerung auf dem Land, von ihrer Arbeit zu leben?

Hintergrund: Die landwirtschaftliche Produktion war vorherrschend. Rund 85% der Bevölkerung lebte auf dem Lande.

Merksatz: Es gab in Frankreich im Unterschied zu Mittel- und Osteuropa eine namhafte Zahl landbesitzender Bauern. Außerdem waren die meisten Bauern frei und wirtschafteten als Pächter.

Begriffe: Grundbesitzer, Pächter

Verknüpfung: Wie schätzt Du die Lebensmöglichkeiten auf dem Lande ein?

2. Leitfrage: ***Welche Klagen trägt die Landbevölkerung den Generalständen vor?***

(1789) (1) »In der Gemeinde [Escamps], die 104 Herdfeuer zählt, kennt man nicht weniger als 80 ganze Familien, die sich fast täglich ihr Brot zusammenbetteln. Der Rest der Gemeinde opfert sich auf, um sie zu ernähren, was er aber gar nicht kann.«

(2) »In unserer Gegend ist die Polizei nur noch ein leerer Name. Unsere Gerichtsherren, in der Pracht der Städte ihren Vergnügungen oder Geschäften hingegeben [. . .]. Aus einer solchen Gleichgültigkeit entstehen alle Arten von Diebstahl, Bandenüberfällen, Mord und Verbrechen. Der Bauer, der im allgemeinen schlechter ernährt ist als die Hunde seines Herrn, sieht seinen Wald von Grund auf verwüstet, seine Ernte nachts gestohlen, und mit aller Mühe kann er unter seinem ländlichen Dach nur die elenden Reste einer schlechten Ernte bergen.«

(3) »Die indirekten Steuern und die Salzsteuer sind für die Nation eine Last [. . .]. Dieses Kirchspiel ist bei der Verteilung der Taille zu schwer belastet.«

Beschwerdehefte (Cahiers) französischer Gemeinden 27

Rückbezug: Wer könnte die Klagen in der Versammlung der Generalstände vortragen und für eine Änderung sorgen?

Hintergrund/ Merksatz: Die Belastung des 3. Standes durch direkte Steuern ist höher als in Großbritannien oder Preußen.

Begriffe: Taille (= allgemeine Königssteuer; Adel und Klerus befreit)

3. Leitfrage: ***Warum kommt es im Sommer 1789 zu Bauernunruhen?***

(1789) »Diese Bande [gemeint: Räuber, die durchs Land zogen oder angeblich ziehen sollten] ist von Priestern und Adligen gedungen worden, die in Paris und Versailles ihre Pläne mißlingen sahen und daraufhin beschlossen, die Provinzen auszuhungern.«

Bericht aus Saint-Giron 28

(24. 1. 1790) »Der allgemeine Alarmzustand, der sich am selben Tag und zur selben Stunde am 29. Juli über das ganze Königreich ausbreitete, wurde durch die bezahlten Emissäre der Nationalversammlung hervorgerufen, die das Volk bewaffnen wollte.«

Notiz des Pfarrers von Tulette 29

Stützfrage: Wie erklärst Du Dir den Widerspruch zwischen den beiden Aussagen?

Hintergrund: Die Furcht vor Räuberbanden ist weit verbreitet, so daß Gerüchte und verdächtige Vorfälle genügen, um die »Große Furcht« auszulösen. Jeder deutet die unverständlichen Ereignisse auf seine Weise.

Merksatz: Das Mißtrauen zwischen den Ständen ist bereits im Sommer 1789 sehr groß, Frankreich ein gespaltenes Land.

Begriff: Große Furcht

4. Leitfrage: Warum kommt es 1793 in der Vendée zu einem Bauernaufstand?

(1793) »Sprechen wir jetzt von den Vendeern, sprechen wir von jenen wahrhaft außerordentlichen Menschen, deren Politik, deren rasche und wunderbare Erfolge und vor allem deren unerhörte Wildheit in den Annalen der Revolution Epoche gemacht haben; [. . .]. Sie waren königstreu und kämpften gegen die Republik.«

General Turreau, Heerführer der Republikaner 30

Rückbezug: Wie haben die Priester der Vendée sich verhalten?

Hintergrund: Ausgelöst durch Rekrutenaushebungen weitet sich der Aufstand in der Vendée aus zum Bürgerkrieg gegen die republikanische Revolutionsregierung.

Merksatz: Es gab in Frankreich in allen Schichten der Bevölkerung noch viele Anhänger der Monarchie.

Hausarbeit: Nenne Gründe für die Unzufriedenheit vieler Bauern 1789 und 1793. Was ist anders?

9. Stunde

Stundenthema: **Frauen**

Welchen Anteil haben Frauen an der Revolution?

1. Leitfrage: ***Auf welche Weise protestieren Frauen aus Pariser Armenvierteln?***

(5./6.10.1789) »Es kam der Befehl, das Volk daran zu hindern, nach Versailles zu ziehen, und kurz darauf erschienen etwa sechzig schreckliche Weiber, die mit lautem Geschrei verkündeten, sie wollten den König aufsuchen, und jeden aufforderten, sich ihnen anzuschließen. Beim Anblick dieser Furien, [...] deren Zahl und Betrunkenheit von Schenke zu Schenke wuchs und von denen einige Stöcke und große Küchenmesser schwangen, hatte ich, was mir an Leuten noch übrig geblieben war, unter die Waffen treten lassen; [...] und fünf Mann, darunter einen Korporal, mit dem Befehl ausgeschickt, das Gesindel zurückzutreiben. Da dieser Befehl die Weiber nur aufbrachte, wurde mein Vortrupp ausgepfiffen und zurückgeworfen; [...].«

Thiébault, Offizier der Palastwache 31

»Als wir dann schließlich in die [National-]Versammlung kamen, wo der Präsident sich vergeblich abmühte, Ruhe zu schaffen, erhob Mirabeau seine alles übertönende Stimme und forderte den Präsidenten auf, der Versammlung Respekt zu verschaffen [...]. Ich stand auf einer Galerie, wo ein Fischweib sich mit einer überlegenen Autorität betätigte und ungefähr hundert Weiber, vor allem junge Personen, dirigierte, [...]. Sie rief ungeniert die Deputierten an und fragte: ›Wer redet denn da hinten? Laßt den Schwätzer den Mund halten! Darum handelt es sich gar nicht, es handelt sich darum, Brot zu bekommen. Man soll unser Mütterchen Mirabeau sprechen lassen, wir wollen ihn hören ...‹ Ihre ganze Gesellschaft schrie ›Unser Mütterchen Mirabeau!‹ «

Dumont, Schweizer und Freund Mirabeaus 32

Stützfrage: Woran erkennst Du, daß die beiden Augenzeugen nicht neutral sind?

Hintergrund: Der Protestmarsch von ungefähr 5000 Personen aus Paris nach Versailles beginnt mit der Forderung von einigen hundert Marktfrauen nach Brot.

Merksatz: Der Gewalt der aufgebrachten, protestierenden Menschen beugt sich der König, indem er mit seiner Familie nach Paris übersiedelt. Er gerät damit unter die Kontrolle der Pariser Bevölkerung.

Begriffe: Protest, Palastwache, Deputierter

2. Leitfrage: Was unterscheidet die Frauen auf dem Bild von denen, die in den Augenzeugenberichten dargestellt werden?

(1790)

33

Stützfrage: Welcher Schicht der Gesellschaft könnten diese Frauen angehören?

Hintergrund/ Merksatz: 1790 beginnen Frauen, sich in Clubs zu organisieren, um wirkungsvoller ihren Forderungen nach gleichberechtigter Teilnahme am politischen Leben Geltung zu verschaffen.

Begriff: Politischer Club

3. Leitfrage:	***Welche Rechte haben die Frauen, welche fordern sie?***
(1791)	»Wir, Mütter, Töchter, Schwestern, Vertreterinnen der Nation verlangen, in die Nationalversammlung aufgenommen zu werden. [. . .] I. Die Frau ist frei geboren und bleibt dem Manne gleich in allen Rechten. [. . .] II. [. . .] Diese Rechte sind: Freiheit, Sicherheit, das Recht auf Eigentum und besonders das Recht auf Widerstand gegen Unterdrückung. [. . .] XVI. Eine Gesellschaft, in der die Garantie der Rechte nicht gesichert [. . .] ist, hat keine Verfassung. Es besteht keine Verfassung, wenn die Mehrheit der Individuen, die das Volk darstellen, an ihrem Zustandekommen nicht mitgewirkt hat.« Olympes de Gouges: Erklärung der Rechte der Frau und Bürgerin 34
Rückbezug:	Wer darf entsprechend der Verfassung von 1791 wählen und gewählt werden? Für wen gelten die Menschenrechte?
Hintergrund:	Frauen sind nicht gleichberechtigt als Staatsbürgerinnen; die Menschen- und Bürgerrechte werden ihnen vorenthalten. 1792 wird die politische Tätigkeit von Frauen verboten.
Merksatz:	Frauen sind politisch rechtlos. Daran hat die Revolution nichts geändert.
Begriff:	Frauenrechte
Name:	Olympes de Gouges (1755–1793)
Hausarbeit:	Welche Form der politischen und rechtlichen Ungleichheit läßt sich hier erkennen? Welche Auswirkungen könnte diese Ungleichheit auf das Leben von Männern und Frauen haben?

10. Stunde

Stundenthema: **Jakobiner und Sansculotten**

Warum kommen die Jakobiner an die Macht?

1. Leitfrage: ***Welches Wahlrecht wollen die Jakobiner?***

(Juni 1793) »Art. 4. Jeder in Frankreich geborene und ansässige Mann, der das Alter von 21 Jahren erlangt hat, [. . .] ist zur Ausübung der Rechte eines französischen Bürgers zugelassen.
Art. 7. Das souveräne Volk ist die Gesamtheit der französischen Bürger.
Art. 8. Es wählt unmittelbar seine Abgeordneten.
Art. 9. Es überträgt den Wahlmännern die Wahl der Präfekten, der Schiedsrichter, der Strafrichter und der Kassationshöfe.
Art. 10. Es beschließt über die Gesetze.«

Stützfrage: Wer gehört zum souveränen Volk, wer nicht?

Rückbezug: Welche Position vertritt der Jakobiner St. Just im Prozeß gegen Ludwig XVI.?

Hintergrund: Die Gespaltenheit des 3. Standes wird nach der Beseitigung der Monarchie sichtbar und führt zum Kampf zwischen Gironde und Jakobinern (»Berg«). Die Mehrheit bilden die Unentschiedenen (»Ebene«/»Sumpf«).

Merksatz: Die Jakobiner bilden eine demokratische, republikanische, bürgerliche Opposition gegen die bis zum 2. 6. 1793 die Macht ausübenden Girondisten.

Begriffe: beschränktes/allgemeines Wahlrecht, direktes/indirektes Wahlrecht, Girondisten, Jakobiner

Verknüpfung: Welche Gruppen in der Bevölkerung hätten Vorteile von dem neuen Wahlrecht gehabt, wenn es in Kraft gesetzt worden wäre?

2. Leitfrage: ***Wer sind die Sansculotten?***

(April 1793) »Ein Sansculotte, ihr Herren Schufte? Das ist einer, der immer zu Fuß geht, der keine Millionen besitzt wie ihr sie alle gern hättet, keine Schlösser, keine Lakaien zu seiner Bedienung, und der mit seiner Frau und seinen Kindern, wenn er welche hat, ganz schlicht im 4. oder 5. Stock wohnt.

Er ist nützlich, denn er versteht ein Feld zu pflügen, zu schmieden, zu sägen, zu feilen, ein Dach zu decken, Schuhe zu machen und bis zum letzten Tropfen sein Blut für das Wohl der Republik zu vergießen. [...] Abends erscheint er in seiner Sektion, [...] um mit seiner ganzen Kraft die aufrichtigen Anträge zu unterstützen und jene zunichte zu machen, die von der erbärmlichen Clique der regierenden Politikaster stammen.

Übrigens: Ein Sansculotte hat immer seinen Säbel blank, um allen Feinden der Revolution die Ohren abzuschneiden.«

J.-B. Vingternier: Antwort auf die unverschämte Frage:
Was ist denn eigentlich ein Sansculotte? 36

Stützfrage: Was könnte der Verfasser mit »aufrichtigen Anträgen« meinen?

Hintergrund: In den städtischen Sektionsversammlungen organisiert sich das einfache Volk, um seine Forderungen nach Mitsprache und Erhalt der Existenz durchzusetzen.

Merksatz: Wer die Unterstützung der Sansculotten will, muß ihre Forderungen berücksichtigen.

Begriffe: Sansculotte (= ohne Kniehose), Sektion

Rückbezug: Wie wurden die Frauen dargestellt, die im Oktober 1789 in Paris und Versailles demonstrierten?

3. Leitfrage: ***Was fordern die Pariser Sansculotten?***

(31.5.1793) »Abgeordnete des Volkes! Lange genug, [...] schmachten und verderben ganze Familien unserer Brüder in Not, lange genug und zu lange schon raubt der hohe Preis der notwendigsten Lebensmittel einer Menge von Bürgern ihren gesamten Lebensunterhalt. [...] Da es nun einmal wahr ist, daß diese Handelsherren weder durch den Anblick des Elends [...] gerührt werden, noch durch die Schreie der Not, [...], da nichts diese Herzen von Stein erschüttern kann - Abgeordnete des Volkes, laßt die nationale Gerechtigkeit sich empören, setzt ihren Missetaten eine Schranke!« Beschlüsse der Sektion »Sansculotte« 37

Stützfragen: Welche Schlüsse auf Versorgung und Einkommen der Arbeiter und Kleinbürger kannst Du aus dem Appell an die Abgeordneten ziehen?
Was bedeutet die Unzufriedenheit in der Bevölkerung für das herrschende Besitzbürgertum?

Information: Hunger, Aufstände im Land und militärische Niederlagen kennzeichnen Frühjahr und Sommer 1793. Um militärische Niederlage und Hungersnot abzuwenden, werden im März ein Revolutionstribunal und im April ein Wohlfahrtsausschuß eingesetzt. In beiden gewinnen die Jakobiner die Oberhand.

Merksatz: Versorgungskrisen im Land, Verrat in der Armee und militärische Niederlagen an der Front schüren den Haß auf die Reichen und Mächtigen. So kommt es im Juli 1793 zur Verhaftung führender Girondisten und zum Sturz der Macht des Besitzbürgertums im Nationalkonvent.

Begriffe: Nationalkonvent, Revolutionstribunal, Wohlfahrtsausschuß

Hausarbeit: Was könnten die Jakobiner, die jetzt die mächtigste Partei sind, tun?

11. Stunde

Stundenthema: **Der 9. Thermidor**

Warum scheitern die Jakobiner?

1. Leitfrage: ***Was fangen die Jakobiner mit der Macht an?***

(23.9. 1793) »Art. 1. Die Waren, denen der Nationalkonvent unbedingten Bedarfscharakter zuerkannt hat und für die er einen Maximal- oder Höchstpreis festsetzen zu müssen geglaubt hat, sind: Frischfleisch, Pökelfleisch und Speck, Butter, Speiseöl, Rindfleisch, Salzfisch, Wein, Branntwein, Essig, Apfelwein, Bier, Brennholz, Holzkohle, Steinkohle, Kerzen, Brennöl, Salz, Soda, Zucker, Honig, unbeschriebenes Papier, Leder, Eisen, Gußeisen, Blei, Stahl, Kupfer, Hanf, Leinen, Wolle, Stoffe, Gewebe, alle für die Fabrikation benötigten Rohstoffe, Holzpantinen, Schuhe, Raps und Rübsamen, Seife, Pottasche, Tabak.«

Festsetzung von Höchstpreisen für Grundlebensmittel und Bedarfswaren 38

Stützfrage: Welche Schlüsse auf das Alltagsleben erlauben die Bestimmungen?

(23.8. 1793) »Art. 1. Ab sofort bis zu dem Augenblick, in dem die Feinde vom Territorium der Republik verjagt sein werden, unterliegen alle Franzosen der ständigen Einberufung zum Heeresdienst.
Art. 2. Die jungen Männer gehen an die Front, die verheirateten schmieden Waffen und übernehmen den Verpflegungstransport; die Frauen nähen Zelte, Uniformen und tun in den Hospitälern Dienst; die Kinder zupfen aus altem Leinenzeug Scharpie, die Greise lassen sich auf öffentliche Plätze tragen, um den Soldaten Mut und Haß gegen die Könige zu predigen und ihnen die Einheit der Republik einzuschärfen. Die nationalen Gebäude werden in Kasernen, die öffentlichen Plätze zu Rüstungswerkstätten umgewandelt, die Kellerfußböden ausgelaugt, um Salpeter zu gewinnen.«

Beschluß des Nationalkonvents zum Volksaufgebot 39

Stützfrage: Was trauen die Gesetzgeber den Bürgern zu, was nicht?

Hintergrund/ Merksatz: Der Druck, den die Sansculotten ausüben, zwingen Konvent und Wohlfahrtsausschuß, Gesetze zum Massenaufgebot und zur Preisregulierung zu beschließen und durchzuführen.

Begriffe: Massen-, Volksaufgebot, Preisregulierung, Zwangswirtschaft

2. Leitfrage: ***Wie reagieren die Sansculotten?***

(1793) »Die Arbeiter, [. . .], freuen sich über die Herabsetzung der Preise, die Begeisterung der Jugend für den Kriegsdienst und besonders über den bevorstehenden Sieg der Republik . . . «
»Die Marktfrauen sind von charmanter Heiterkeit und singen Lobeshymnen auf den Konvent.«

Polizeiberichte über die Stimmung in Paris 40

Stützfrage: Warum weckt der Kriegsdienst Begeisterung?

Hintergrund/ Merksatz: Die Zusicherung einer geregelten Versorgung der städtischen Bevölkerung und Siege über Revolutionsgegner im Land und an den Fronten festigen die Machtposition der Jakobiner.

Begriff: Konterrevolution

Verknüpfung: Welche Gruppen werden durch die Gesetze zu Gegnern der Revolutionsregierung?

3. Leitfrage: ***Wie wollen die Jakobiner Revolution und Republik endgültig sichern?***

(10.6. 1794) »Art. 4. Der Zweck der Einsetzung des Revolutionstribunals ist es, die Feinde des Volkes zu bestrafen.
Art. 6. Als Feind des Volkes gilt, wer die Wiedererrichtung des Königtums betreibt [. . .]; wer [. . .] die Republik verrät, [. . .] oder vorsätzlich Mängel in der Versorgung und beim Heeresdienst herbeiführt; wer [. . .] die Prinzipien der Revolution und die Gesetze und Maßnahmen der Regierung durch eine falsche und böswillige Ausführung mißbraucht; [. . .] schließlich alle, [. . .] die Freiheit, Einheit und Sicherheit der Republik angreifen oder an ihrer Unterhöhlung arbeiten.
Art. 7. Die Strafe für alle Delikte, [. . .], ist der Tod.

Art. 8. [. . .] Die Richtschnur bei der Urteilsfindung ist das von der Vaterlandsliebe erleuchtete Gewissen der Richter, ihr Ziel der Sieg der Republik und der Untergang ihrer Feinde, [. . .].
Art. 16. [. . .]; die Verschwörer erhalten keine Verteidiger.«

Gesetz vom 22. Prairial II 41

Stützfrage: Welchen Schutz vor Rechtswillkür bietet das Gesetz?

Hintergrund/ Merksatz: Die Revolutionsregierung hat durch Kämpfe in der eigenen Partei und durch einzelne Verordnungen an Rückhalt im Volk verloren. Sie versucht, sich mit Gewalt zu behaupten.

Begriffe: Terror, Rechtsstaat, Revolutionskalender

Verknüpfung: Was verändert sich für den einzelnen Bürger durch dieses Gesetz verglichen mit den Menschen- und Bürgerrechten?

4. Leitfrage:* *Was passiert am 9. Thermidor?

(27. 7. 1794) »Billaud-Varenne [. . .] eröffnet, daß Robespierre seit langem einen Plan gefaßt habe, in die Rechte des Konvents einzugreifen, [. . .] Er teilt mit, daß Robespierre einen Gauner vor dem Schafott bewahrt habe, gegen den die Ausschußmitglieder einmütig gewesen seien. [. . .], daß es keinen Volksvertreter gibt, der gewillt ist, unter einem Tyrannen zu leben. [. . .] Robespierre erscheint auf der Rednerbühne. Man vernimmt Rufe: ›Nieder mit dem Tyrannen!‹
Tallien ergreift das Wort gegen Robespierre und erklärt, dieser Mensch stelle bei sich zu Hause Proskriptionslisten gegen Konventsmitglieder zusammen. [. . .] Er verlangt, daß gegen Robespierre ein Anklagedekret erlassen [. . .] wird.«

Robespierre: Aus der Sitzung des Konvents 42

Stützfrage: Was sagt die Quelle aus über die Gründe für den Sturz Robespierres, des mächtigsten Mannes der Revolutionsregierung?

Hintergrund/ Merksatz:	Der Sieg über die feindlichen Truppen macht die Revolutionsregierung überflüssig. Eine Koalition unterschiedlicher Abgeordneter des Konvents, die alle um ihr Leben fürchten, führt zum Ende der Jakobinerherrschaft und zur Hinrichtung Robespierres.
Begriffe/ Name:	Tyrannei, Koalition Maximilien Robespierre (1758–1794)

Hausarbeit: Was hätte die Revolutionsregierung vielleicht anders machen können, um nicht gestürzt zu werden?

12. Stunde

Stundenthema: **Bestandsaufnahme**

Was hat die Französische Revolution bewirkt?

1. Leitfrage: ***Wie geht in Frankreich die Revolution zu Ende?***

These	Beleg
– Das Besitzbürgertum versucht eine Neuauflage seiner 1793 gescheiterten Politik.	– Direktoriatsverfassung: Regierung durch 5 Direktoren, indirektes Zensuswahlrecht
– Das Besitzbürgertum scheitert erneut, weil ihm der breite Rückhalt in der Bevölkerung und kompetente Politiker fehlen.	– Staatsstreich Napoleons am 18. Brumaire (9. 11. 1799). Frankreich entwickelt sich zu einer Monarchie.

2. Leitfrage: ***Welche mittelfristigen Veränderungen beginnen mit der Französichen Revolution in Europa?***

– Der Gedanke der Rechtsgleichheit setzt sich durch.	– Im Code Napoléon werden persönliche Freiheit und Rechtsgleichheit garantiert und durch die französische Besatzung in viele Länder Europas getragen. Damit werden Rechtsreformen, wie sie z. B. im 18. Jahrhundert in Österreich und Preußen begonnen wurden, weitergeführt und festgeschrieben.
– In Frankreich ist der Absolutismus nicht erneut durchzusetzen.	– Ludwig XVIII. verkündet nach seiner Rückkehr auf den Thron 1814 eine liberale Verfassung. Sein Nachfolger Karl X. stützt sich auf dog-

	matische Royalisten und die Kirche, um liberale Erneuerungen wie die Pressefreiheit zu beseitigen. Er scheitert in der Julirevolution 1830.
– Liberale Vorstellungen von einer konstitutionellen Monarchie setzen sich in vielen Teilen Deutschlands gegen den Widerstand der Herrscher durch.	– Der Widerstreit zwischen Restauration und dem Verlangen der Bürger nach politischer Reform steigert sich bis zur Revolution von 1848. Die Entwicklung in den verschiedenen Teilstaaten des Deutschen Reiches verläuft dabei sehr unterschiedlich.
– Demokratische Ideen und Forderungen der Jakobiner, wie z. B. die Beseitigung der Monarchie oder allgemeines Stimmrecht, bleiben lebendig.	– Von der Mainzer Republik 1792/93 und den deutschen Jakobinern gehen politische Ansprüche aus, die von Teilnehmern der Revolution 1848 und von der Arbeiterbewegung aufgegriffen und weitergeführt werden.
– Erwachen des Nationalbewußtseins der Völker Europas	– Krieg der europäischen Staaten gegen Napoleon und ein Frankreich, das sich aufgrund der Französischen Revolution als 1. Nation Europas sieht. – Bemühungen um die deutsche Einheit

3. Leitfrage: ***Welche langfristigen Veränderungen leitet die Französische Revolution in Europa ein?***

– Politische Gleichheit für Mann und Frau	– Einführung des Frauenwahlrechts in Deutschland durch die Verfassung der Weimarer Republik – Wahlrecht für Frauen in allen Ländern Europas

– Gleichstellung von Mann und Frau in Wirtschaft und Gesellschaft	– Frauenbewegung und die Diskussion um die Quotenregelung in politischen Parteien der Bundesrepublik
– Anerkennung sozialer Gleichheit in Teilbereichen als berechtigte politische Forderung	– Das Sozialstaatsprinzip im Grundgesetz – Die Idee der Chancengleichheit z. B. in der Schulpolitik
– Versuche, auch ökonomische Gleichheit zu verwirklichen.	– Verfassung und Staatsidee der sozialistischen Staaten Europas

Didaktische Begründungen und Hinweise

Benutzung der Unterrichtseinheit in der Sekundarstufe I und in der Sekundarstufe II

Um den Zugang zum Thema zu erleichtern, konzentrieren sich die Stunden 1 bis 6 auf das politische Zentrum des Geschehens und die Chronologie der Ereignisse. Die Stunden 7 bis 9 dagegen sollen einen Überblick über Vorgänge im Land und unterschiedliche Teile der Gesellschaft ermöglichen. Dabei kommt es zu Rück- und Vorgriffen in der Chronologie, die die Orientierung dann nicht beeinträchtigen, wenn sie in eine Zeitleiste eingefügt werden, deren Aufbau im Unterricht sich für die **Sekundarstufe I** empfiehlt.
Während in der Sekundarstufe I die Behandlung der Quellen und Materialien wohl nur schrittweise, unter Anleitung möglich sein wird, erlauben die Stundenkonzepte für die **Sekundarstufe II** eine eigenständige Auswertung und Deutung der Materialien durch die Schüler und Schülerinnen. Dabei empfiehlt es sich, nur das Stundenthema in seiner Frageform zum Ausgangs- und Endpunkt des Unterrichtsgesprächs zu machen und so den Spielraum zu schaffen, in dem unterschiedliche Interpretationen sich zu Kontroversen entfalten können, die ihrerseits Ausgangspunkte für weitere Untersuchungen sein könnten.
Ich habe versucht, Fragen, die sich aus den Einzelstunden ergeben könnten, bei der Konzeption der Stundenbausteine und bei den Themen für die Literaturvorschläge zu berücksichtigen, um Material auch für ergänzende, vertiefende oder weiterführende Untersuchungen zur Verfügung zu stellen.

Zur 1. Stunde (= 1. Kernstunde)

Absolutismus in Frankreich - *Wie mächtig ist der König?*

1. Leitfrage: Was sieht das Volk vom König und seiner Macht? (1788)
Tradition, Machtstellung und äußerer Glanz verschaffen dem französischen König ein **unvergleichliches Ansehen.** Das erklärt, warum Volksvertreter und Volk immer wieder vor der Konsequenz zurückweichen, den Staat ohne den König zu reformieren, wenn es mit ihm nicht möglich ist.
Mercier beschreibt mit - für die Sekundarstufe I wohl nicht wahrnehmbarer - ironischer Distanz, wie das alte Ritual der **Machtstabilisierung** funktioniert: Bewunderung und Verehrung der kleinen Leute festigen die überkommene Ordnung. Die herrschende Ideologie stärkt dieses Bewußtsein durch den Hinweis, daß Gott die Stände geschaffen habe, mithin die bestehende Ordnung unantastbar sei.

2. Leitfrage: Was hat der König zu tun? (1672)
Die Machtstellung des absoluten Königs hängt auch von seiner Tüchtigkeit und Kompetenz ab. Der **Perspektivenwechsel** von der Außensicht durch das Volk (1. Leitfrage) zu einem **Blick in das Machtzentrum** selbst soll eine wesentliche Schwachstelle des monarchischen Prinzips aufdecken helfen: Traditionell gilt das Erbrecht und nicht die Auswahl nach Tüchtigkeit. Für den weiteren Verlauf ist dieser Ansatz nicht unwesentlich. Die Einschätzung, wie Ludwig XVI. ab 1789 seine Machtposition ausfüllte oder besser nicht ausfüllte, beeinflußt durchaus den Verlauf der Revolution, ohne daß die Bedeutung der Einzelperson für das gesamte Geschehen überschätzt werden soll.

3. Leitfrage: Worauf stützt sich die Macht des Königs? (1700)
Das **Schaubild** erfüllt die Aufgaben
- die beiden vorhergehenden subjektiven Betrachtungsweisen durch eine **verallgemeinernde Bestandsaufnahme** zu ergänzen und zu präzisieren
- in Erinnerung zu rufen, was eine **Ständegesellschaft** ist
- das **königliche Machtmonopol** eindringlich vor Augen zu führen und darauf zu verweisen, daß **niemand im Staat ein Kontrollrecht** gegenüber dem König besitzt, daß seine Stellung »von Gottes Gnaden« ist.

Eine sorgfältige Bearbeitung des Schaubilds ist nötig, um eine grundlegende Orientierung über den **Aufbau der Gesellschaft** des ancien régime hier einzuleiten und in der 2. Stunde mit der 3. Leitfrage abzuschließen. Erst die Einsicht in den Aufbau der französischen Gesellschaft im 18. Jahrhundert öffnet in dieser Unterrichtseinheit den Zugang zum Verständnis dafür, warum die Revolution in immer neuen Schüben weitergeführt wurde.
Das Schaubild hilft aber auch zu verstehen, warum die Hinrichtung des Königs knapp vier Jahre nach den ersten revolutionären Ereignissen eine Erschütterung des Staates bedeutete. In ihm verkörperte sich die durch Gott legitimierte höchste Staatsgewalt.

Zur 2. Stunde (= 2. Kernstunde)

Von den Generalständen zur Nationalversammlung - ***Was will der König, was wollen die Vertreter des Volkes?***

1. Leitfrage: Was erwartet Ludwig XVI. von den Generalständen? (5.5. 1789)
Der Ausschnitt aus der Rede, die der König zur Eröffnung der Generalstände verlesen läßt, macht deutlich:
- Den Anforderungen an **politische Tatkraft,** die an einen absoluten Monarchen aufgrund seiner Position im System des Absolutismus gestellt werden müßten

(vgl. 1. Stunde), scheint Ludwig XVI. nicht gerecht zu werden, wenn man von seiner eher larmoyanten Begrüßungsrede ausgeht.
- Ein Versagen der **politischen Urteilsfähigkeit** des Königs ist erkennbar, wenn man die weitere Entwicklung mit dieser Lagebeurteilung vergleicht.
- Die **Staatsverschuldung** ist ein ungelöstes, aber nicht länger zu vertagendes Problem.

2. Leitfrage: Wie sieht die finanzielle Situation Frankreichs aus? (1788)
Es geht hier um die Information, daß der Zustand der **Staatsfinanzen** katastrophal ist und ihre Sanierung nicht aufgeschoben werden kann. Die Einberufung der **Generalstände** ist von daher als letzter Versuch zu verstehen, einen Staatsbankrott abzuwenden.

3. Leitfrage: Wie setzen sich die Generalstände zusammen? (1789)
Wen vertreten die Mitglieder der Generalstände?
Das 1. Schaubild zeigt die Zusammensetzung der **Generalstände.** Im Vergleich mit dem 2. Schaubild wird deutlich, daß die Generalstände auch nicht entfernt ein Abbild der französischen Gesellschaft sind. Das 2. Schaubild dient außerdem dazu, das Basisschema **»Ständegesellschaft«** (1. Stunde, 3. Leitfrage) so zu differenzieren, daß wesentliche gesellschaftliche Gruppen klar erkennbar werden.

4. Leitfrage: Warum erklärt sich die Versammlung der Vertreter des 3. Standes zur Nationalversammlung? (17.6. 1789)
Der 1. und 2. Stand sind überrepräsentiert (2. Stunde, 3. Leitfrage) und durch das nach Ständen getrennte Beratungs- und Abstimmungsverfahren bevorzugt (Information zur 2. Stunde, 1. Leitfrage). Der 3. Stand trägt die Beschwerden der Mehrheit der Bevölkerung vor (8. Stunde, 2. Leitfrage) und soll Steuererhöhungen zustimmen, die den 3. Stand besonders belasten. Dieses **Mißverhältnis von Rechten und Pflichten** wird aufgehoben mit der Proklamation der Nationalversammlung durch die Vertreter des 3. Standes. Sie setzen sich über die Beschränkungen hinweg, die ihnen das Reglement der Generalstände auferlegt, und machen sich zum Sprecher des ganzen Volkes. Damit sind der 1. und 2. Stand in die Defensive gedrängt. Wenn der König die Vertreter des 3. Standes nicht zur Rücknahme ihrer Proklamation zwingen kann, ist der Einzug der Vertreter des 1. und 2. Standes in die Nationalversammlung nur eine Frage der Zeit.

Zur 3. Stunde (= 1. Ergänzungsstunde)

Sturm auf die Bastille - ***Wofür kämpft das Volk von Paris?***
Für den geradlinigen Erklärungszusammenhang - von dem drohenden Staatsbankrott zu den Generalständen, von den Generalständen zur Nationalversammlung, von der Nationalversammlung zu einer Neuverteilung der Macht im Staat, die in der Verfassung von 1791 erkennbar wird - ist diese Stunde nicht erforderlich. Ihre Bedeutung liegt im Symbolwert des Sturms auf die Bastille.

1. Leitfrage: Welche Parolen verkündet Desmoulins? (16.7. 1789)
Der Briefauszug zeigt, daß offensichtlich nicht mehr alle Pariser so brave **Untertanen** sind wie die, die Mercier 1788 schildert. Vielmehr nehmen **Bürger** - hier gebraucht in dem heutigen Sinn als »Staatsbürger« - teil an den Vorgängen im Staat, versuchen sie zu verstehen und reagieren darauf.
Gleichzeitig kann mit der Akzentuierung der Person Desmoulins die mit Ludwig XVI. begonnene Porträtreihe fortgesetzt werden: Dem Erben absoluter Macht ließe sich der wendig-kritische Bürger gegenüberstellen. Da weitere Quellen weitere Porträtskizzen erlauben, könnte im Laufe der Unterrichtseinheit so etwas wie eine politische Typologie entstehen.

2. Leitfrage: Wie verhält sich die aufständische Bevölkerung von Paris (13./14.7. 1789)
Im allgemeinen Vorverständnis wird die Französische Revolution am ehesten mit **Gewalt und Terror** gleichgesetzt. Das ist nicht falsch, greift aber viel zu kurz. Die Unterrichtseinheit versucht dem als Ganzes, aber auch im Detail gegenzusteuern. Das Mateial ist deshalb so ausgewählt, daß Brutalität und Gewalt nicht verschwiegen, die **Vielfalt der Aktionsformen, Motive und Sichtweisen** der Beteiligten aber eine differenziertere Auseinandersetzung und Stellungnahme erzwingen.
Es empfiehlt sich, nicht zu glätten, sondern die **Widersprüchlichkeit** der Informationen festzuhalten und zu diskutieren.

3. Leitfrage: Was bedeutet der 14. Juli 1789 für den König? (17.7. 1789)
Wie sehr die **Aktion Pariser Bürger** den bisher stagnierenden Bemühungen der Nationalversammlung nützt, zeigen die **Erfolge der Nationalversammlung** im August 1789.
Der vorliegende Augenzeugenbericht dürfte für sich sprechen: Ein absoluter Monarch, der den unerlaubten **Aufstand** eines Teiles seiner Untertanen nachträglich öffentlich **sanktioniert,** ist kein absoluter Herrscher mehr.
Um die unmittelbare Wirkung des Berichtes zu unterstützen, sollte die Bedeutung der (Volks-)Kokarde vorher geklärt werden.

Zur 4. Stunde (= 3. Kernstunde)

Die Verfassung von 1791 - *Wie wird die Macht im Staat verteilt?*

1. Leitfrage: Was sind »Menschen- und Bürgerrechte«? (26.8. 1789)
Die Proklamation gleicher Rechte und des Prinzips der Volkssouveränität 1789, die einen Teil der Verfassung von 1791 ausmachen, dürften Verblüffung auslösen, wenn sich die Schüler und Schülerinnen an die Privilegienordnung im Ständestaat und an das Gottesgnadentum des absoluten Monarchen erinnern. Je deutlicher beide in den vorangegangenen Stunden geworden sind, um so eher ist - und das ist hier intendiert - der Durchbruch zu einer zunächst als sehr weitgehend wirkenden **Form politischer und rechtlicher Gleichheit** als **revolutionäre Veränderung** und als Bruch mit der bisherigen Ordnung zu begreifen. Diese Veränderung wurde vom 1. und 2. Stand nur unter Druck zugestanden. Der **Druck** ging aus von Aktionen in den Städten (3. Stunde) und auf dem Lande. In der 8. Stunde könnte deshalb die »Große Furcht« mit dem Zustandekommen der Menschen- und Bürgerrechte verknüpft werden.
Von den Umständen dürfte es abhängen, ob bereits hier oder erst in der 9. Stunde thematisiert wird, daß die Menschen- und Bürgerrechte nicht für Frauen gelten. Der Verweis auf das frz. ›homme‹ eignet sich als Anknüpfungspunkt.

2. Leitfrage: Was sagt die Verfassung über die Verteilung der Rechte und Pflichten im Staat? (3.9. 1791)
Wenn die Tragweite der Erklärung der Menschen- und Bürgerrechte erfaßt worden ist - Beseitigung der Privilegien des 1. und 2. Standes, Beseitigung des Anspruchs des Monarchen auf eine unabhängige, »absolute« Macht, Rechtsgleichheit und Garantie grundlegender Menschenrechte für die Bürger, mithin: **Abschaffung des Absolutismus und des Ständestaates** -, dann erscheint die **Verfassung** (= Konstitution) von 1791 als eine **notwendige Konsequenz** aus diesem Bruch mit der Tradition.

3. Leitfrage: Wer ist nach der Verfassung ein aktiver Bürger? (3.9. 1791)
Um den **Widerstand** unterschiedlicher Gruppen in der Bevölkerung, vor allem den der Jakobiner und Sansculotten, verständlich zu machen und so die nachfolgenden Stunden entsprechend vorzubereiten, ist es unbedingt erforderlich, genau festzuhalten, wer wählen darf und wer nicht, wer gewählt werden darf, wer nicht.
Der Begriff **»Zensuswahlrecht«** sollte deshalb anschaulich gemacht werden. Statt der mit der Erklärung der Menschenrechte abgeschafften Ungleichheit durch die Geburt wird jetzt die **Ungleichheit durch den Besitz** politisch bedeutsam und in der Folge Gegenstand politischer Auseinandersetzungen.
Eine Diskussion, welche Konsequenzen »Besitz« für die politische, juristische und

soziale Gleichheit in der Bundesrepublik hat oder haben kann, vermag nicht nur zu zeigen, daß die Auseinandersetzung um Gleichheit keineswegs abgeschlossen ist, sondern daß es andererseits seit der Französischen Revolution auch bedeutsame Weiterentwicklungen gegeben hat.

---

5. Stunde (= 4. Kernstunde)

Bürgertum - ***Was fängt das Bürgertum mit seiner Macht an?***
Die 5. Stunde verbindet den **chronologisch-ereignisgeschichtlichen Ansatz,** der den Stunden 1-4, 6, 10 und 11 zugrunde liegt, mit dem **strukturgeschichtlichen Ansatz** der Stunden 7-9. Unter der übergeordneten, aber nicht ausschließlich geltenden Fragestellung, wer mit der Verfassung von 1791 zufrieden sein könne und wer nicht - eine Frage, an der sich auch die Stunden 6 und 10 orientieren -, soll ein Einblick in das Denken und Handeln großer gesellschaftlicher Gruppen gegeben werden, die bei einer rein chronologisch-ereignisgeschichtlichen Behandlung des Themas zu kurz kämen.

1. Leitfrage: Wie sehen sich Bürger selbst? (1789)
Der berühmte Text Sieyès' stellt noch 1789 den **3. Stand als Einheit** dar. Das ist bedeutsam, erklärt sich doch aus dieser Einheit und aus dem **bürgerlichen Selbstbewußtsein** - das in dem Text ebenfalls deutlich wird - ein guter Teil des Erfolges des 3. Standes bei der Durchsetzung seiner Forderungen gegenüber dem König, dem 1. und dem 2. Stand.
Wie **brüchig nach 1791** dieses Zusammengehörigkeitsgefühl geworden ist, zeigt der Vergleich mit dem sansculottischen Selbstporträt (10. Stunde, 2. Leitfrage), wo Einzelheiten, mit denen Sieyès noch den ganzen 3. Stand charakterisierte, allein für die Sansculotten in Anspruch genommen werden.
Sieyès' Text kann als Beispiel für die konsequente Zeitkritik der französichen **Aufklärer** dienen und den Ausgangspunkt liefern, um einen Einblick in die Bedeutung der Aufklärung für Teile des Adels und des gebildeten Bürgertums zu geben.

2. Leitfrage: Wem nützt die neue Verfassung am meisten? (1791)
Die Erkenntnis aus der vorherigen Stunde, daß die neue Verfassung durch die Bindung politischer Rechte an Besitz eine **neue Form der Ungleichheit** schafft, soll hier als Teil der Lernerfolgskontrolle angewandt werden. Die Frage, wer mit der Verfassung von 1791 zufrieden sein kann, läßt sich für das **Besitzbürgertum** positiv beantworten. Die wichtige Unterscheidung, daß Bürger jetzt nicht mehr gleich Bürger ist, wird damit ein Stück vorangetrieben und so die Einsicht vorbereitet, warum nicht schon 1791 die Revolution beendet war.

3. Leitfrage: Was fängt das Bürgertum mit seiner Macht an? (Dez. 1791)
Brissots Forderung, **Krieg** gegen Österreich zu führen, dürfte zunächst auf großes Unverständnis auf Seiten der Schüler stoßen. In Brissots Argumentation ist die Annahme enthalten, daß der Kampf gegen einen gemeinsamen Feind ein Land einen und eine noch junge, erst durch die Revolution an die Macht gekommene Regierung stabilisieren kann, weil die Ausnahmesituation des Krieges auch **Ausnahmegesetze gegen innenpolitische Gegner** zuläßt. Ein aktuelles Beispiel, etwa der Krieg zwischen Irak und Iran, könnte den Befund erhärten.

4. Leitfrage: Welche Staatsform soll Frankreich haben? (26.7. 1792)
Ein zentrales Argument Brissots für den Krieg ist der Kampf gegen die »Unverschämtheit der Aristokraten«, der um Frankreichs Freiheit willen geführt werden muß.
Daraus könnte sich die Folgerung ergeben, daß Brissot und mit ihm ein Teil des Besitzbürgertums, für das er stellvertretend spricht, auch gegen die Monarchie sei. Daß das nicht der Fall ist, zeigt die **Ablehnung der Alternative »Republik«,** die dann im Nationalkonvent von der Bergpartei vertreten wird.
Es ist nicht leicht, schon an dieser Stelle den schmalen Grat zu erkennen, auf dem sich das Besitzbürgertum bewegt: Abgrenzung gegen den Adel, aber auch Abgrenzung gegen noch konsequentere Gegner des Adels. Sollte diese **Gratwanderung** erkannt werden, dürfte die sich daraus ergebende Einsicht, daß das Besitzbürgertum wohl relativ wenige Bundesgenossen wird finden können, schon hier möglich sein. Sollte die Einsicht der Lerngruppe verschlossen bleiben, genügt es zunächst, das Eintreten des Besitzbürgertums für die **konstitutionelle Monarchie** festzuhalten. Sie ist die Staatsform, die für das Besitzbürgertum vorteilhafter als absolute Monarchie und Republik ist.

Zur 6. Stunde (= 5. Kernstunde)

Das Ende der konstitutionellen Monarchie - ***Warum kann der König seinen Platz nicht behaupten?***
Die Verfassung von 1791 und mit ihr die konstitutionelle Monarchie sind im Innern von zwei Seiten her bedroht: Von Verfechtern der »Alten Ordnung« und von den Kräften im 3. Stand, die dem König nicht trauen und denen die Umgestaltung des Staates nicht weitgehend genug den Anspruch der Bürger auf Mitsprache im Staat berücksichtigt. Aus der Perspektive der beiden gegnerischen Gruppen wird die gefährdete Position des herrschenden Besitzbürgertums abschätzbar.

1. Leitfrage: Was könnte der König tun, um an der Macht zu bleiben? (14.10. 1790)
Intendiert ist eine Verknüpfung mit der Einsicht, die in den ersten beiden Stunden

möglich war: daß die Macht des absoluten Monarchen ohne einen König, der diese Macht mit Geschick zu nutzen versteht, in Krisenzeiten nicht viel wert ist. Der Auszug aus Mirabeaus Empfehlung an den Hof hat die Funktion zu zeigen, daß der König nicht zwangsläufig Spielball eines unerklärlichen Schicksals war, sondern daß es **Handlungsmöglichkeiten und -alternativen** gab. Unter günstigen Umständen könnte auch deutlich werden, wie doppeldeutig und damit gewagt das Spiel wäre, auf das sich der König einließe, folgte er Mirabeau. Ob eine Lerngruppe fähig ist, dann auch noch den Politiker zu charakterisieren, der diese Rolle ausfüllen könnte - nämlich Mirabeau selbst -, käme auf einen Versuch an. Wichtig wäre die Einsicht - und unter günstigen Umständen durch Beispiele aus der Gegenwart zu unterstützen -, daß Politik etwas von Menschen Gemachtes und nicht etwas schicksalhaft Hinzunehmendes ist.

2. Leitfrage: Welche Politik betreibt der König? (Juli 1791)
Im Vergleich mit Mirabeaus Vorschlag wird sicher einem Teil der Lerngruppe deutlich werden, daß ein König, der wie in diesem Brief eher als **Bittsteller,** mitleidheischend und schwach auftritt, nicht der Politiker ist, der gestaltend in die Ereignisse der Revolution eingreifen kann. Damit ist z. T. auch die Einsicht vorbereitet, warum innerhalb kurzer Zeit ein scheinbar so mächtiger Mann wie der König von Frankreich alle Macht verlieren und schließlich auf dem Schafott enden konnte.
Die Bitte Ludwigs, Kaiser Leopold II. möge ihm »zu Hilfe« kommen, d.h. Truppen schicken, könnte der Ausgangspunkt für die Frage sein, die im Prozeß gegen den König dann eine Rolle spielt: Ist ein Brief wie dieser **Landesverrat** oder nicht? Kann Ludwig von seinem Selbstverständnis her überhaupt Landesverrat begehen? Andererseits: Warum wäre ein solcher Brief für Saint-Just ein eindeutiger Beweis für die Schuld des Königs? Hier treffen das **Rechts- und Selbstverständnis der alten und der revolutionären Ordnung** aufeinander. Das führt zur 3. Leitfrage.

3. Leitfrage: Warum soll Ludwig XVI. hingerichtet werden? (13. 11. 1792)
Das Problem bei der Behandlung des Textes besteht darin, **unabhängige** und **politische Justiz** zu unterscheiden. Der Redner argumentiert von Anfang an auf der politischen Ebene; die Verurteilung des Königs ist nicht eine Angelegenheit der Gesetze, sondern Teil des Machtkampfes zwischen König und Volk um die Staatsordnung - ein Befund, der in der Lerngruppe durchaus Diskussionen Pro und Contra auslösen könnte. Eine sorgfältige Klärung des Tatbestandes erleichtert die Behandlung der Zeit der Jakobinerherrschaft, wo die Frage nach **»Revolution«** und **»Recht«** von zentraler Bedeutung ist.
Ein Vergleich mit dem im Grundgesetz verankerten **Prinzip der Rechtsstaatlichkeit** und seiner Begründung könnte die Bedeutung der an dieser Stelle gewonnenen Einsicht - Ausnahmezustand in der Revolution und Rechtssicherheit im Verfassungsstaat - klären helfen.

Zur 7. Stunde (= 2. Ergänzungsstunde)

Klerus - ***Warum sind so viele Geistliche unzufrieden?***
Der 1. Stand ergänzte sich immer wieder neu aus Angehörigen des 2. Standes (Hoher Klerus) und des 3. Standes (Niederer Klerus). Diese Uneinheitlichkeit in seiner Zusammensetzung spiegelt sich vom Zusammentritt der Generalstände an in den Diskussionen und im Abstimmungsverhalten seiner Vertreter.
Trotz heftiger Kirchen- und Religionskritik vieler Aufklärer hielt die Mehrheit des französischen Volkes auch am Ende des 18. Jahrhunderts an der katholischen Religion fest. Die Kenntnis des kräftezehrenden Nebenschauplatzes der Revolution, der mit der Verweigerung des Eides auf die Zivilverfassung des Klerus durch eine Mehrheit der Priester und Bischöfe aufbricht, hilft, die zunehmende Entfremdung zwischen breiten Teilen der Bevölkerung und der Spitze der Revolution in Paris zu verstehen. Der Aufstand in der Vendée liefert ein drastisches Beispiel für die Entfremdung zwischen Bevölkerung und Staat, die vielen Menschen das Leben und der Republik schließlich die Unterstützung durch die Mehrheit gekostet hat.
Bearbeitungshinweis: Die Themen der Stunden 7–9 können bei entsprechenden Voraussetzungen in arbeitsteiliger Gruppenarbeit untersucht werden.

1. Leitfrage: Wie leben Bischöfe (1788)
Mercier liefert ein anschauliches Beispiel der **aufklärerischen Kirchenkritik,** das sich durch Biographien belegen läßt. Interessant ist die Frage nach der Wirkung solcher Verhaltensweisen des Klerus und solcher Kritik auf den Glauben der Menschen, die das lasen und sehen konnten. Darauf geht die 2. Leitfrage ein, die die Verankerung der Religion in der französischen Bevölkerung und damit auch den Rückhalt, den der Klerus insgesamt besaß, in den Blick rücken will.

2. Leitfrage: Wirkt sich das, was Mercier schreibt und was die Bevölkerung selbst sehen kann, auf den Glauben aus? (1710–1789)
Die Auswertung von Testamenten ist ein geeigneter Weg, um der Beantwortung dieser schwierigen Frage näher zu kommen, weil sich angesichts des Todes am ehesten entscheidet, ob der **traditionelle Glaube** – und sei es auch nur in Resten – noch vorhanden ist oder nicht. Ergänzend könnten Cili Wethekams Jugendromane herangezogen werden, die auf historischen Untersuchungen basieren und anschauliche, gut zugängliche Darstellungen zu diesem Komplex enthalten. (Vgl. Literaturvorschläge)

3. Leitfrage: Was ändert sich für den Klerus 1789/90?
Das stark geraffte Material dient dazu, einen Überblick zu geben, wie der **Staatsverschuldung abgeholfen** und Privilegien des 1. Standes und damit ein Stück tradierter **Ungleichheit abgebaut** werden sollen.

4. Leitfrage: Wie reagieren Bischöfe und Priester? (1790/91)
Intendiert ist die Feststellung, daß das Ziel, die **Kirche staatlicher Kontrolle zu unterstellen,** nur bedingt erreicht werden konnte. Die Nationalversammlung konnte daraufhin

- versuchen, mit dem Papst zu einer gütlichen Einigung zu kommen; darauf hatte der Papst schon im Vorfeld der Auseinandersetzung sich nicht eingelassen
- die eigenen Pläne aufgeben und zurückstecken; das erschien den Volksvertretern unmöglich
- Priester und Bischöfe zur Anerkennung der Verfassung zwingen und sie im Falle der Eidverweigerung durch willigere Geistliche ersetzen; das führte zum **Kirchenkampf.**

Zur 8. Stunde (= 3. Ergänzungsstunde)

Bauern - *Warum sind so viele Bauern unzufrieden?*

1. Leitfrage: Wem gehört der Boden? (1789)
Die **Verteilung des Grundbesitzes** entschied über die **Existenzmöglichkeiten** auf dem Lande; diesen Zusammenhang herauszustellen dürfte wichtiger sein, als alle Details der Statistik genau zu besprechen. Mit dem Verkauf verstaatlichter Kirchengüter (vgl. 7. Stunde) und der Güter emigrierter Adliger hat sich daran nichts Grundlegendes geändert, da es **keine Landreform** gab, sondern Grundbesitz von denen erworben wurde, die Geld hatten. Damit waren vor allem die reichen Bürger der Städte die Nutznießer.
Die Kluft zwischen Besitzenden und Nichtbesitzenden wurde durch das Zensuswahlrecht noch unterstrichen.

2. Leitfrage: Welche Klagen trägt die Landbevölkerung den Generalständen vor? (1789)
Das Material zeigt, welche **unerträglichen Konsequenzen** die Besitz- und Privilegienordnung im ancien régime **für die Mehrheit der Landbevölkerung** hatte, wie unhaltbar die Situation geworden war.
Ein Vergleich mit Ländern der 3. Welt könnte den Eindruck vertiefen und bewußt machen, daß das Elend großer Teile der ländlichen Bevölkerung noch heute besteht und einen potentiellen politischen Sprengsatz darstellt. Ein solcher Gegenwartsbezug hätte zudem den Vorteil, das Pro und Contra von Lösungsmöglichkeiten, vor allem von **Landreformen,** zu diskutieren. Das könnte die Frage provozieren, ob die Nationalversammlung für eine Landreform eintrat oder nicht. Da dies jedoch nicht Gegenstand der Gesetzgebung war, besserte sich auch mit der Revolution die Lage vieler Bauern nicht. Das wiederum könnte erklären helfen, warum

die Landbevölkerung insgesamt nicht zu einer verläßlichen Stütze der Neuordnung wurde, sondern trotz aller Klagen in vielen Teilen des Landes royalistisch blieb.

3. Leitfrage: Warum kommt es im Sommer 1789 zu Bauernunruhen? (1789)
Wie verbreitet die Unruhen waren, zeigt eine entsprechende Karte (Stundenbaustein IV. 1). Die Quellen belegen die **Ratlosigkeit in der Einschätzung** der **»Großen Furcht«** durch die Zeitgenossen, gleichzeitig aber auch das ungeheure **Mißtrauen,** das im Lande herrschte: Die drohende Gefahr wurde mit der jeweils gegnerischen politischen Gruppe in Verbindung gebracht.
Es ist daher bei der Kommentierung der Karte ratsam, die Unruhen auf dem Lande **nicht mit einer uneingeschränkten Bereitschaft zur Revolution bzw. Unterstützung der Revolution** gleichzusetzen, sondern soziale Unzufriedenheit, Uniformiertheit und Mißtrauen als mögliche Erklärungen einzubeziehen.

4. Leitfrage: Warum kommt es 1793 in der Vendée zu einem Bauernaufstand? (1793)
Die Vendée ist das bedeutendste **Beispiel eines erbitterten Kampfes gegen die revolutionäre republikanische Zentralregierung.** Auch wenn für die Vendée besondere Bedingungen gelten - so wurde sie z. B. nicht von der »Großen Furcht« erfaßt -, bleibt die Frage, warum es der Revolutionsregierung nicht gelang, diesen Teil Frankreichs für die Neue Ordnung oder zumindest für die Abwehr der Kriegsgegner Frankreichs zu gewinnen. Ein Grund könnte sein, daß die revolutionären Regierungen zu wenig die **Interessen der ländlichen Bevölkerung** berücksichtigten und mögliche Anhänger und Verteidiger der Revolution unter der Mehrheit der Kleinbauern und Tagelöhner nicht zu gewinnen versuchten.
Der Aufstand in der Vendée zeigt - und das sollte bei der Behandlung deutlich werden -, daß die Bevölkerung **Frankreichs** längst nicht geschlossen hinter der Revolution stand, daß besonders die Zeit der Jakobinerherrschaft das Land zunehmend polarisierte, daß die Unzufriedenheit mit dem Absolutismus nicht so weitreichend war wie es zunächst den Anschein haben könnte, wenn sich die Untersuchung auf die Ereignisse in **Paris** konzentriert.
Für die Unterrichseinheit ergibt sich an dieser Stelle die Möglichkeit, in der Oberstufe den als **Schwerpunkt** für die Unterrichtseinheit gewählten Aspekt **»Ungleichheit«** zu **thematisieren.** Hier könnte mit der Lerngruppe z. B. überlegt werden, welche Konsequenzen die Verlagerung zu einem Schwerpunkt **»Freiheit«** oder »Erwachen des neuzeitlichen Nationalbewußtseins« hätte, welche Teile aus dem vorliegenden Unterrichtsmodell beibehalten werden könnten oder müßten, welche verzichtbar wären, was neu zu bearbeiten wäre.

Zur 9. Stunde (= 4. Ergänzungsstunde)

Frauen - *Welchen Anteil haben Frauen an der Revolution?*
Mit »Anteil« ist gemeint die Teilnahme von Frauen an der Revolution, die nicht gering, und Teilhabe an den positiven Veränderungen für den 3. Stand, die für die Frauen gleich Null war.

1. Leitfrage: Auf welche Weise protestieren Frauen aus Pariser Armenvierteln? (5./6. 10. 1789)
Die beiden Texte und das Bild (2. Leitfrage) sind im Zusammenhang zu sehen. Sie zeigen, daß Frauen **aus allen Schichten des 3. Standes** beteiligt waren.
Die beiden Augenzeugenberichte stellen bemerkenswert **abfällig** die demonstrierenden Frauen dar. Das wird noch deutlicher, wenn zum Vergleich die Schilderung der Ereignisse vom 14. Juli 1789 herangezogen wird (3. Stunde, 2. Leitfrage). Ursache dafür ist sicher die politische Gegnerschaft der beiden Augenzeugen; vermutlich aber auch die Tatsache, daß Frauen - aus der Zeitperspektive wäre wohl zu sagen: ungehörigerweise - sich in aller Öffentlichkeit politisch betätigen. Daß viele von ihnen dabei auf eine **existentielle Notsituation** aufmerksam zu machen versuchen, wird übersehen.
Die rechtlose Position der Frauen sollte aber besser erst im Zusammenhang mit der 3. Leitfrage thematisiert werden. Zunächst genügen Beobachtungen, auf die am Ende der Stunde zurückgegriffen werden kann.
Ein Aspekt am Rande ist die Hochschätzung Mirabeaus durch die Demonstrantinnen. Sie dürfte Verwunderung auslösen, wenn Mirabeaus Note an den Hof in Erinnerung geblieben ist. Das könnte Gelegenheit geben, nach Abschluß des Stundenthemas die Sammlung der Porträts von Politikern der Revolutionszeit fortzuführen und auf die schillernde Persönlichkeit Mirabeaus einzugehen.

2. Leitfrage: Was unterscheidet die Frauen auf dem Bild von denen, die in den Augenzeugenberichten dargestellt werden? (1790)
Das Bild läßt etwas von dem hohen Grad der **Organisation politischer Arbeit** von Frauen erkennen: Ein vorbereiteter Versammlungsraum, Anträge, eine Vorsitzende, eine Clubkasse. Anlaß zum Nachdenken könnte die Tatsache sein, daß kein Mann an der Versammlung teilnimmt.

3. Leitfrage: Welche Rechte haben Frauen, welche fordern sie? (1791)
Der Schwerpunkt der Stunde sollte bei der Auswertung und Bearbeitung dieses Textes liegen, enthält er doch die für Schüler und Schülerinnen wohl überraschenste und provozierenste Information: daß die **Menschen- und Bürgerrechte nicht für Frauen** galten.
Ansatzpunkte, um das zu erschließen, liegen

- im Vergleich der Erklärung der Rechte der Bürgerin mit der Erklärung der Menschenrechte (4. Stunde, 1. Leitfrage)
- in der Tatsache, daß O. de Gouges diese Rechte überhaupt fordert.

Die Tragweite dieser Tatsache erschließt sich, wenn die Lebensmöglichkeiten eines Mannes um 1790 in Frankreich mit denen einer Frau verglichen werden. Hier bietet es sich an, in einem **Rollenspiel** aus der Sicht von Männern und Frauen/Jungen und Mädchen aus der Zeit der Revolution zu berichten. Neben der Veranschaulichung der sozialen, ökonomischen, politischen und juristischen Ungleichheit von Mann und Frau ergibt sich die Chance für eine immanente Lernerfolgskontrolle. Ergänzt könnte das Thema werden durch: C. Wethekam: Mamie. 1780-1794; Stefan Zweig: Marie Antoinette.

Zur 10. Stunde (= 6. Kernstunde)

Jakobiner und Sansculotten - *Warum kommen die Jakobiner an die Macht?*
Wie die 5. Stunde den Übergang vom chronologisch-ereignisgeschichtlichen Teil zu einer eher strukturgeschichtlichen Betrachtung vermittelt, so leitet die 10. Stunde wieder zur ereignisgeschichtlichen Darstellung zurück.

1. Leitfrage: Welches Wahlrecht wollen die Jakobiner? (Juni 1793)
Hier wird die Leitfrage, die seit der 5.Stunde im Hintergrund aller Untersuchungen stand - wer konnte mit der Verfassung von 1791 zufrieden sein, wer nicht? -, mit dem Eingehen auf die **unteren Schichten des 3. Standes** abgeschlossen.
Das Zensuswahlrecht (4. Stunde) führte zu einer neuen politischen Ungleichheit. Das **Wahlrecht,** wie es im Verfassungsentwurf der Jakobiner erscheint, ist daher gut geeignet, den **Abstand zwischen den Girondisten und den Jakobinern** schlaglichtartig zu beleuchten. (Unterschiede zwischen Feullants und Girondisten werden nicht weiter berücksichtigt.) Der Rückbezug dient nur dazu, diesen Unterschied noch zu vertiefen. Festgehalten werden muß, daß die Jakobiner bei der Herstellung größerer politischer Gleichheit zwar wesentlich weiter gehen als Vertreter des Besitzbürgertums, daß sie aber ebenso wie diese den Frauen gleiche Rechte im Staat verweigern.

2. Leitfrage: Wer sind die Sansculotten? (April 1793)
Der Text soll vor allem informieren, damit anschaulicher wird, wer zu den unteren Schichten des 3. Standes gehört und **wer vor allem in Paris die Revolutionsregierung der Jakobiner stützt.**
Bei einer aufgeschlossenen Lerngruppe ergeben sich aus der Konfrontation dieser Selbstdarstellung mit anderen Schilderungen der Kleinbürger (3. Stunde, 2. Leitfrage; 9. Stunde, 1. Leitfrage) gute Ansätze zur **Quellenkritik.**

3. Leitfrage: Was fordern die Pariser Sansculotten? (31.5. 1793)
Der Text ist von zentraler Bedeutung für den Aufbau der 10. und 11. Stunde. Hier werden als **Feinde im Innern** nicht mehr die Adligen genannt, sondern **reiche Bürger.** Damit wird deutlich, daß der **politische Gegensatz** zwischen Girondisten und Jakobinern auch eine **soziale und ökonomische Komponente** hat und unüberbrückbar ist. Die Einsicht in diesen Zusammenhang könnte verständlicher machen, warum die politischen Auseinandersetzungen zwischen 1793 und 1794 so erbittert geführt wurden, warum die Revolution eben nicht so leicht zu beenden war, sondern - so kann es erscheinen - erst ihre Kräfte erschöpfen mußte, ehe Napoleons Konsulatszeit als ersehnte Beendigung der Stagnation, des Parteienstreites und der Unordnung akzeptiert wurde. Die Untersuchung des politischen Zieles **Gleichheit** erhält mit der Ausweitung in den sozialen und ökonomischen Bereich eine ganz neue Dimension. Hier könnte neben der grundsätzlichen Problematisierung, ob die Herstellung sozialer und ökonomischer Gleichheit ein sinnvolles politisches Ziel ist oder nicht, ein Vergleich versucht werden, welche Bedeutung ihr die verschiedenen Parteien in der Bundesrepublik beimessen, welche Lösungsvorschläge sie ggf. anbieten, welche Berücksichtigung sie in der Gesetzgebung der Bundesrepublik fand und findet.
Wer den Strang auf die entsprechende ideologische Position der Jakobiner ausweiten möchte, findet so etwas wie ein Kommunistisches Manifest bei J. Fouché. (Literaturvorschlag: Stefan Zweig: Joseph Fouché)

Zur 11. Stunde (= 7. Kernstunde)

Der 9. Thermidor - ***Warum scheitern die Jakobiner?***
Diese Stunde will einen Einblick in die Politik der Jakobiner ermöglichen und ihr Scheitern verständlich machen. Es empfiehlt sich, die Unterscheidung zu beachten zwischen eher illustrierenden und informierenden Texten, die rascher behandelt werden können, und solchen, die eine gründliche Auswertung erfordern.
Um die Stunde nicht unnötig zu belasten, wurde die strittige und komplizierte Auseinandersetzung um Robespierre ausgeklammert, indem Robespierre eben nicht in das Zentrum der Stunde gestellt wurde.
Der Revolutionskalender ist erläutert und übersichtlich dargestellt in: A. Soboul: Die Große Französische Revolution, Frankfurt/M. 1977, S. 594f.

1. Leitfrage: Was fangen die Jakobiner mit der Macht an? (1793)
Hier genügen durchaus Antworten wie **»Bessere Versorgung der Bevölkerung«** oder »Garantie, daß auch die kleinen Leute mit dem Nötigsten versorgt werden« und **»Die Grenzen besser verteidigen«** oder »Die Feinde aus Frankreich wieder vertreiben«. Damit wird hinreichend deutlich, daß die Verbindung zwischen Sansculot-

ten und Jakobinern, die sich in der vorhergehenden Stunde in Umrissen andeutete, durch entsprechende Gesetze mit Inhalt gefüllt wird.
Ergiebiger für die Einschätzung der Jakobinerherrschaft, aber auch riskanter für den Stundenverlauf könnte die Stützfrage sein: »Welche Rückschlüsse auf die Einschätzung der **Mündigkeit der Bürger** durch die Jakobiner lassen die beiden Gesetzestexte zu?« Auffällig an den Gesetzen ist die **Festlegung bis in kleinste Details.** Wenn die Lerngruppe das als Besonderheit bemerken sollte, könnte sich bei dem Deutungsversuch herausstellen, daß die Jakobiner offensichtlich nicht allzu großes Zutrauen hatten, daß ihre Gesetze auch »richtig« ausgeführt würden. An dieser Stelle könnte der Lehrer oder die Lehrerin in einem Exkurs auf die Herrschaft Robespierres eingehen, die mit einer **»Erziehungsdiktatur«** zu vergleichen ist und von den Ideen Rousseaus her erklärt werden kann.

2. Leitfrage: Wie reagieren die Sansculotten? (1793)
Das Material soll den bereits vorher festgestellten Zusammenhang zwischen Jakobinern und Sansculotten bestätigen.
Wichtig ist die **Verknüpfungsfrage:** Wenn die Sansculotten so zufrieden sind, welche Gruppen der Gesellschaft werden dann unzufrieden sein? Ohne die Feststellung, daß Besitzbürgertum und Jakobiner unter den gegebenen Umständen sich bekämpfen mußten, läßt sich kaum erklären, warum die Jakobiner die Machtmittel des Staates so rücksichtslos gebrauchten.

3. Leitfrage: Wie wollen die Jakobiner Revolution und Republik endgültig sichern? (10.6. 1794)
Die **Feindschaft zwischen Jakobinern und Girondisten** dürfte hinreichen, um das Zustandekommen des Gesetzes vom 22. Prairial verständlicher zu machen.
Dieses Gesetz sollte sorgfältig untersucht werden, da hier gut zu erkennen ist, wie rechtsstaatliche Prinzipien, mit denen die Lerngruppe sich in der 6. Stunde ansatzweise befaßte, beseitigt und durch Prinzipien einer rein politischen Justiz ersetzt werden, die jeden Bürger bedrohen.

4. Leitfrage: Was passierte am 9. Thermidor? (27.7. 1794)
Mit Hilfe der 3. Leitfrage sollte einsichtig werden, wie tiefgreifend der Konflikt zwischen Jakobinern und anderen politischen Gruppen war, mit welch zunehmender Erbitterung und Rücksichtslosigkeit der **Kampf** ausgetragen wurde. Am Ende schien wohl tatsächlich nur noch die Alternative zu bestehen: entweder weitere Steigerung des Terrors oder Scheitern der Jakobinerherrschaft. Auf dieser Grundlage wird der Sturz Robespierres nachvollziehbar – als Ergebnis eines Komplotts von Abgeordneten, die um ihr eigenes Leben fürchteten.

Zur 12. Stunde (= 8. Kernstunde)

Bestandsaufnahme - ***Was hat die Französische Revolution bewirkt?***
Die Bestandsaufnahme soll zeigen, was aus der Idee der **Gleichheit,** die im Mittelpunkt der Unterrichtseinheit stand, im Laufe der Zeit geworden ist.

1. Leitfrage: Wie geht in Frankreich die Revolution zu Ende?
Mit dieser Frage wird das unmittelbare Interesse der Lerngruppe berücksichtigt, wie es denn **nach dem Sturz der Jakobiner** in Frankreich weitergegangen sei.
Die Hinweise bieten die Möglichkeit, bisher Gelerntes anwenden zu lassen und so den **Lernerfolg zu überprüfen.**
In diese und in die folgende Leitfrage sind Anknüpfungspunkte aufgenommen, die ein Eingehen auf **Napoleon** eröffnen.

2. Leitfrage: Welche mittelfristigen Veränderungen beginnen mit der Französischen Revolution in Europa?
In der politischen Auseinandersetzung mit den tradierten Herrschaftsvorstellungen spielen im 19. Jahrhundert die Ideen der juristischen und politischen Gleichheit eine hervorragende Rolle insofern, als sie mit einiger Aussicht auf Erfolg vom liberalen Bürgertum vorgetragen wurden.
Da für das Deutsche Reich neben der Durchsetzung liberaler Verfassungsideen die nationale Einheit von zentraler Bedeutung war, wurde - abweichend von dem Konzept für die Stunde - auf den Zusammenhang »Nationalbewußtsein« und »Französische Revolution« verwiesen.

3. Leitfrage: Welche langfristigen Veränderungen leitet die Französische Revolution in Europa ein?
Die Vorstellungen von politischer Gleichheit werden im 20. Jahrhundert weitergeführt. Frauen erhalten gleiche politische Rechte. An diesem Beispiel kann thematisiert werden, wie Forderungen von Frauen in der Französischen Revolution - damals nur von wenigen Männern wie etwa Condorcet unterstützt, von den meisten ignoriert oder verlacht - nach langem und zähem Einsatz engagierter Frauen im 19. Jahrhundert endlich im 20. Jahrhundert anerkannt und erfüllt wurden. Sicher ein Beispiel, an dem untersucht werden kann, wie tiefgreifende Veränderungen nicht nur Sache politischer Entscheidungen, politischer Macht sind, sondern auch das Ergebnis zeitaufwendiger Lernprozesse in der Gesellschaft sein können. Damit ist die Durchsetzung der Menschen- und Bürgerrechte für Frauen ein eindrucksvolles Gegenbeispiel, Ungleichheit durch Revolution oder durch eine Erziehungsdiktatur beseitigen zu wollen. Dieses Beispiel erlaubt Einsichten in eine politische Problemlösung, die für die Schüler und Schülerinnen in Zukunft sehr bedeutsam werden kann. Obwohl die Auseinandersetzungen um soziale und öko-

nomische Gleichheit seit der Französischen Revolution nicht abgebrochen sind, taucht der Aspekt erst hier wieder auf, weil im 20. Jahrhundert mit der Oktoberrevolution Experimente begannen, die Realisierung dieser Ideen zu versuchen. Die theoretische Auseinandersetzung um »Freiheit, Gleichheit, Brüderlichkeit« wurde damit neu entfacht und auf eine ganz andere Ebene als im 19. Jahrhundert gehoben.

Zusätzliche Materialien: Stundenbausteine

I. Vier alternative Einstiege

1. Thema: **Revolution**

Was versteht man unter einer Revolution?

Leitfrage: ***Was soll typisch für eine Revolution sein?***

(1983) »Revolution ist ein plötzlicher, meist gewaltsamer Umsturz bestehender Verhältnisse.
Bezogen auf das Zusammenleben der Menschen in einem Staat bedeutet Revolution, daß die Ordnung in einem Staat und der Aufbau seiner Gesellschaft grundlegend verändert werden.«

Jugendlexikon Politik 43

Stützfrage: Warum soll Gewalt kein typisches Kennzeichen einer Revolution sein?

Hintergrund: Vor allem an der Französischen Revolution sind Inhalt und Bedeutung des heutigen Revolutionsbegriffs und unterschiedliche Revolutionstheorien ausgerichtet.

Begriffe: Staat, Gesellschaftsaufbau

grundlegende ←— Aufgabenstellung —→ erweiterte

grundlegende	erweiterte
– Worauf mußt Du achten, wenn Du wissen willst, ob ein geschichtlicher Vorgang eine Revolution ist oder nicht?	– Welche Fragen könntest Du stellen, um mit Hilfe des Begriffs aus dem Jugendlexikon die Französische Revolution zu untersuchen?
– Kennst Du aus dem Geschichtsunterricht schon eine Revolution?	– Kannst Du sagen, worin dabei die Umwälzung bestand?
– Wo könntest Du andere Definitionen des Begriffs Revolution finden?	– Worin unterscheidet sich die Definition aus dem Jugendlexikon von einer anderen Definition von Revolution?

Verknüpfung:
- Ständegesellschaft ←→ Menschen- und Bürgerrechte (1. Stunde, 3. Leitfrage; 2. Stunde, 1., 3., 4. Leitfrage; 4. Stunde, 1. Leitfrage; 9. Stunde, 3. Leitfrage; 10. Stunde, 1. Leitfrage; Stundenbaustein III.1.)
- Absolutismus ←→ konstitutionelle Monarchie (1. Stunde; 2. Stunde, 1. Leitfrage; 3. Stunde, 3. Leitfrage; 4. Stunde)
- Konstitutionelle Monarchie ←→ Republik (4. Stunde; 5. Stunde, 4. Leitfrage; 6. Stunde, 3. Leitfrage; Stundenbaustein III.5.)
- Papstkirche ←→ staatliche Kirchenverfassung (7. Stunde)

2. Thema: Privilegien

Worin besteht soziale Ungleichheit in Frankreich bis 1789?

Leitfrage: Welche Beispiele für Ungleichheit nennt Rousseau?

(1754) »Ich finde in der menschlichen Gattung zwei Arten von Ungleichheit. Die eine, die ich natürlich oder physisch nenne, weil sie von Natur gesetzt ist und im Unterschied des Alters, der Gesundheit, der Körperkraft und der Eigenschaften des Geistes und der Seele besteht.
Die andere, die man die moralische oder politische Ungleichheit nennen kann, weil sie von einer Art Übereinkunft abhängt. Sie ist durch die Zustimmung des Menschen gesetzt oder wenigstens ins Recht gesetzt worden. Sie besteht in den verschiedenen Privilegien, die einige zum Nachteil der anderen genießen, wie etwa reicher, angesehener, mächtiger zu sein als andere, oder gar Gehorsam von ihnen verlangen zu können.«

J.-J. Rousseau: Abhandlung über den Ursprung und die Grundlagen der Ungleichheit unter den Menschen 44

Stützfrage: Was sind für Rousseau Privilegien?

Hintergrund: Rousseaus Maßstab für Ungleichheit ist festgelegt durch seinen Begriff von Natur und Gesellschaft. Wie weit natürliche Unterschiede ihrerseits durch gesellschaftliche Bedingungen geformt sind, untersucht er nicht.

Begriffe: Privileg, soziale Ungleichheit (= Rousseau: »moralische oder politische Ungleichheit«)

grundlegende ← Aufgabenstellung	→ erweiterte
- Wie stellst Du Dir eine Gesellschaft vor, auf die Rousseaus Beschreibung zutrifft?	- Möchtest Du in einer solchen Gesellschaft leben? Begründe Deine Entscheidung!
- Kennst Du aus der Gegenwart Beispiele für soziale Ungleichheit?	- Kann eine Gesellschaft, in der es soziale Ungleichheit gibt, gerecht sein?
- Welche verschiedenen Privilegien gab es in Frankreich zu der Zeit, als Rousseau sein Buch schrieb? Suche in einem Geschichtsbuch nach Beispielen!	- Wie begründen die privilegierten Stände in Frankreich ihre Vorrechte? Suche in einem Geschichtsbuch nach einer Antwort!

Verknüpfung:
- Ständegesellschaft (1. Stunde; 2. Stunde, 1., 3. Leitfrage; 7. Stunde, 1. Leitfrage)
- Menschen- und Bürgerrechte (4. Stunde, 1. Leitfrage; 9. Stunde, 3. Leitfrage; 10. Stunde, 1. Leitfrage)
- Umsturz der alten »Übereinkunft« (Rousseau) (2. Stunde, 4. Leitfrage; 3. Stunde; 5. Stunde, 1. Leitfrage; 7. Stunde, 2. Leitfrage)
- Frauen (9. Stunde)
- Umsturz der neuen »Übereinkunft« der Bourgeoisie (10. Stunde; 11. Stunde)

3. Thema: Apartheid

Was bedeutet die Apartheid in Südafrika?

Leitfrage: ***Was erfährst Du aus dem Zeitungsartikel über Südafrika?***

(Juni 1988) »Frage: Wie verwandelt man einen Ausnahmezustand in einen Dauerzustand? Antwort: Indem man ihn Jahr für Jahr mit jeweils abgewandelter Begründung neu beginnen läßt. [. . .] Präsident Botha erklärt, ›angesichts des revolutionären Klimas‹ sei er zu dieser Maßnahme gezwungen, um sicherzustellen, daß ›die Bürger ihr Leben frei von Furcht, Einschüchterung und Terror führen können‹. Die Bürger? Nur die viereinhalb Millionen Weißen haben Bürgerrechte, und unter ihnen sind nicht wenige, die gegen jene Maßnahme protestieren, weil sie gegen das System der Apartheid sind. Die 30000 Schwarzen, die im vorigen Jahr ohne Verfahren im Gefängnis waren, und die etwa 2000, die ebenfalls ohne Verfahren noch immer dort sitzen, sie alle fühlen sich ganz gewiß nicht frei von Furcht und Terror.«

Marion Gräfin Dönhoff: Kein Terror? 45

Stützfrage: Was könnte Botha mit »revolutionärem Klima« meinen?

Hintergrund: Der südafrikanische Präsident P.W. Botha definiert Apartheid als »gute Nachbarschaft«. D.h. für ihn: »es gibt einen wohlausgewogenen nachbarschaftlichen Geist. Der eine Nachbar mag schwächer sein als der andere, mag aus historischen Gründen noch zurück sein. Aber das ist etwas ganz anderes als die Haß-Interpretation, die die Welt dem Wort Apartheid gibt.«

P.W. Botha 46

Begriffe: Apartheid, soziale Ungleichheit, Rassismus

grundlegende ←	Aufgabenstellung → erweiterte
– Wieviele Schwarze leben in Südafrika? In welchen Gebieten müssen sie leben, und wo leben die Weißen?	– Wo gibt es in Südafrika Voraussetzungen für ein gutes Leben (Ackerland, Bodenschätze, Wasser, Arbeitsplätze u.ä.), wo nicht?
– Warum protestieren und demonstrieren so viele Schwarze immer wieder? Informiere Dich bei Erwachsenen oder in einer Bibliothek oder durch Fernsehen, Radio, Zeitung!	– Welche Rechte haben die Weißen, die die Schwarzen nicht haben? Suche geeignete Informationen!
– Könnte es zu einer Revolution in Südafrika kommen? Was spricht aufgrund Deiner Informationen dafür, was spricht dagegen? Diskutiere die Frage in einer Gruppe!	– Was müßte man an der Französischen Revolution untersuchen, um das, was für und was gegen eine Revolution in Südafrika spricht, besser einschätzen zu können?

Verknüpfung:
- Revolution (vgl. Stundenbaustein I.1.)
- Soziale Ungleichheit (vgl. Stundenbaustein I.2.)

4. Thema: Marseillaise

Wie lautet der Text der französischen Nationalhymne?

Leitfrage: Wozu fordert die Marsailles die Franzosen auf?

(25.4. 1792)

1. Auf! auf! ihr Freiheitssöhne, Brüder
auf! und umarmt den frohen Tag!
Seht der Tyrannie Gefieder
über uns ausgespannt!
über uns ausgespannt!
Höret ihr nicht dort auf euren Feldern
dieser wilden Krieger Wut,
sie fordern euer freies Blut,
euer Weib und Kinder Leben.
Zu den Waffen! ihr Bürger,
formiert nun eure Reihn.
Voran! Voran! Verfluchtes Blut
tränke nun unsre Flur.
Voran! Voran! Verfluchtes Blut
tränke nun unsre Flur.

2. Was kann die Sklaven-Rott dort wollen?
Verräter, der Tyrannen Bund?
Wem die Fesseln dort? wem sollen
diese Ketten, lang schon bereit?
diese Ketten, lange schon bereit?
Uns Franken! uns! ... Oh! welche Schande!
entflammen muß uns dies zur Rach!
Wir dies? wir sollen diese Schmach
tragen, wieder Sklaven-Bande?
Zu den Waffen! ihr Bürger, :,: :,:

3. Was! sollen fremde Fürsten-Scharen
Gesetze geben unserm Land?
Sollen gelderkaufte Waren
trennen unsrer Krieger Band?
trennen unsrer Krieger Band?
Gott! sollen feige Sklaven-Hände
ins Joch nun beugen unsre Stirn?
Von elender Despoten Hirn
soll abhängen unser Leben?
Zu den Waffen! ihr Bürger, :;: :;: :;:
[...]

6. Vaterland! o deine Liebe
leit, stütze unsre Rächerhand;
Freiheit, Freiheit, deine Triebe
halten deiner Schützer Band,
halten deiner Schützer Band.
Auf deinen Ruf geh unsern Fahnen
schön die Sieges-Sonne auf!
Die Feinde fliehn in ihrem Land,
die, Triumph dir, Ruhm uns bahnen!
Zu den Waffen! ihr Bürger, :;: :;:

J. Rouget de L'Isle: Kriegslied für die Rheinarmee 47

Stützfrage: Welche Verse verstehst Du nicht?

Hintergrund: Das Kriegslied Rouget de L'Isles, vom Straßburger Bürgermeister in Auftrag gegeben, ist eine Gelegenheitskomposition, die über Marseille nach Paris gelangte und von den Revolutionären begeistert gesungen wurde.

Begriff: Nationalhymne

grundlegende ← Aufgabenstellung → erweiterte

grundlegende	erweiterte
– Welche Aussagen beziehen sich auf Vorgänge in Frankreich im Jahre 1792?	– Was mußt Du von der Französischen Revolution wissen, um den Text besser verstehen zu können?
– Wie bewegst Du Dich, wenn Du Dich der Musik der Marseillaise anpaßt?	– Wie erklärst Du Dir, daß das Lied so viel Begeisterung ausgelöst hat?
– Warum singen die Franzosen die Marseillaise heute als Nationalhymne? Sammle mögliche Gründe, wenn Du die Geschichte der Französischen Revolution kennenlernst!	– Warum singen die Franzosen die Marseillaise heute als Nationalhymne? Versuche, in Kontakt mit Franzosen zu kommen und befrage sie!

Verknüpfung:
- Revolutionäres (Selbst-)Bewußtsein (3. Stunde; 5. Stunde, 1. Leitfrage; 6. Stunde, 3. Leitfrage; 9. Stunde, 1. Leitfrage; 10. Stunde, 2. Leitfrage)
- Krieg gegen überlegene Feinde und Sieg (5. Stunde, 3. Leitfrage; 11. Stunde, 1., 2. Leitfrage; Stundenbaustein II.4.)

II. Vier spannende Geschichtserzählungen

1. Thema: **Volksversammlung**

Wie informieren sich die Leute zur Zeit der Französischen Revolution?

Leitfrage: ***Warum werden Volksversammlungen regelmäßig veranstaltet?***

(30. 1. 1792) »*Straßburg, den 30. Januar 1792* Wir haben heute wieder eine sehr angenehme Erfahrung gemacht. Herr Salzmann, ehemaliger Buchhändler, der itzt seine Handlung einem Freunde überlassen hat, um als Munizipalbeamter ganz der guten Sache zu leben und der eins der achtungswürdigsten Mitglieder von der gemäßigten Partei zu sein scheint, hat den sehr glücklichen Gedanken gehabt, alle Sonntage gegen ein Uhr in der neuen, sehr prächti-

gen maison de Commune eine Volksversammlung zu halten, worin er und ein straßburgischer patriotischer Geistlicher abwechselnd sprechen, um das Volk von den wichtigsten Vorfällen, von neuen Verordnungen und von dem wahren Wesen der Konstitution besser zu unterrichten, als es durch öffentliche Blätter und Anschlagszettel geschehen kann.
In dem herrlichen Saale, der wohl drei- bis viertausend Menschen faßt, waren Bürger von allen Arten, auch Soldaten, Bediente, Knechte und Weiber gedrängt beieinander. Wir traten mit Salzmann hinein und konnten mit großer Mühe kaum zehn Schritte vorwärts kommen. Dabei war das Geräusch unbeschreiblich und ganz betäubend. Sobald aber Salzmann nur auf eine kleine Erhöhung neben einer Säule stieg und mit der Hand Stillschweigen gebot, ward es so ruhig, daß man hätte können eine Mücke summen hören. Allen Gesichtern sah man die Begierde an, von so vielerlei zum Teil beunruhigenden Dingen, welche die öffentlichen Blätter und die Sage die Woche über gebracht hatten, nun besser unterrichtet zu werden; und Salzmanns sehr praktische, der Versammlung vollkommen angemessene Rede ward mit erfreulichem Vertrauen aufgefangen.
Es tat uns sehr leid, der Versammlung nicht bis ans Ende beiwohnen und die Bewegungen im Volke weiter beobachten zu können. [. . .]« Johann Friedrich Reichardt: Vertraute Briefe aus Paris 48

Stützfrage: Warum wendet Herr Salzmann so viel Zeit für die Volksversammlung auf?

grundlegende ←— Aufgabenstellung —→ erweiterte

grundlegende	erweiterte
– Welche Informationsmöglichkeiten werden in dem Text genannt?	– Was können die einzelnen Informationsmöglichkeiten leisten?
– Welche Medien werden heute am meisten benutzt?	– Wie informierst Du Dich, wie informieren sich Deine Freunde, Deine Eltern? Vergleiche mit 1792!
– Wo erfährst Du mehr: aus einer Zeitung, aus den Fernseh-Nachrichten oder aus einem Gespräch?	– Bedeutet viele Informationsmöglichkeiten haben auch besser informiert sein oder nicht? Sammle Argumente!

Verknüpfung: Wer am Ende des 18. Jahrhunderts sich informieren wollte, mußte
- selbst hingehen und hinsehen (1. Stunde, 1. Leitfrage)

- zuhören, wenn eine wichtige Rede gehalten wurde (2. Stunde, 1. Leitfrage; 3. Stunde, 1. Leitfrage)
- Erklärungen, Bücher, Flugblätter, Gesetze lesen oder sich vorlesen lassen (z. B. 2. Stunde, 4. Leitfrage; 4. Stunde, 1., 3. Leitfrage)
- Briefpartner haben, die Wichtiges berichten konnten (3. Stunde, 3. Leitfrage; 6. Stunde, 2. Leitfrage)
- auf Beschwerden, Forderungen und Klagen achten (8. Stunde, 2. Leitfrage; 9. Stunde, 3. Leitfrage; 10. Stunde, 3. Leitfrage)
- aufpassen, nicht durch Gerüchte irregeführt zu werden (8. Stunde, 3. Leitfrage)
- Informationen sammeln lassen (11. Stunde, 2. Leitfrage).

2. Thema: Charlotte Corday

Wie wird ein Mensch zur Legende?

Leitfrage: ***Welche Vorstellung von der Mörderin des Jakobiners Marat vermittelt der Autor?***

(Juli 1793) »[. . .] Ich habe in diesen Tagen gleichwohl an der Menschheit große Freude. Der Heldenmut der Mainzer hat Anteil daran. Ein anderes Beispiel hier, vor aller Augen, wird einst die Geschichte des Kampfes veredeln, wenn längst die Privatansichten verschwunden sind, die jetzt die Urteile der Menschen entzweien, und nur der reine Ertrag übrig bleibt von der Größe, die ausführen kann, was sie unternahm. Die fanatische Überzeugung der Mörderin* Marat's tut hier nichts zur Sache, sie mag Irrtum oder Wahrheit zum Grunde haben, wohl aber die Reinheit ihrer Seele, die von ihrem Zweck so ganz erfüllt war und mit so schöner Heldenstärke alle Folgen der Tat hinnahm. Sie war blühend von Gesundheit, reizend schön, am meisten durch den Reiz der Unverdorbenheit, der sie umschwebte. Ihr schwarzbraunes, kurz abgeschnittenes Haar machte einen antiken Kopf auf der schönsten Büste. Ihre Heiterkeit blieb bis zum letzten Augenblick auf dem Blutgerüste, wo ich sie hinrichten sah. Ihr Tod tat mir wohl für sie. Du hast schnell ausgelitten, dachte ich. Man fragte sie, ob sie einen Priester wolle? ›Nein.‹ Vielleicht weil Du keinen unbeeideten bekommen kannst? ›Ich verachte sie alle beide.‹ Der Maler David (ein heftiger Jakobiner und Mitglied des National-

* Charlotte Corday.

konvents) ging hin, sie im Gefängnis zu malen. ›Man wird künftig gern mein Bild sehen wollen‹, sagte sie. Er erstaunte über die Heiterkeit ihres Gesichts und meinte, es sei Anspannung des Augenblicks, um sich vorteilhaft zu zeigen. Werden Sie aber immer diese Miene behalten? fragte er: ›Sorgen Sie nicht‹, antwortete sie mit sanfter Stimme, ›ich bin nie anders, als Sie mich jetzt sehen.‹ Die Tat war ganz ihr eigener Anschlag, mit keiner Seele ging sie darüber zu Rate. Sie führte das Messer sicher, ohne je eine Vorübung gemacht zu haben. Sie liebte die Republik und die Freiheit mit Enthusiasmus und fühlte tief ihre innere Zerrüttung. Ihr Andenken lebt bei Hunderttausenden, die noch Sinn für einfache Größe haben, selbst unter denen, die Marat's Rechtschaffenheit behaupten. In ihrem Briefe an Barbaroux nach der Tat herrscht dieselbe große Ruhe. [. . .]«

J. G. Forster: Brief an seine Frau 49

Stützfrage: Kannst Du feststellen, welcher politischen Richtung der Briefschreiber angehört?

grundlegende ←	Aufgabenstellung → erweiterte
– Informiere Dich über Charlotte Corday, Marat und Forster!	– Kläre die politischen Positionen von Charlotte Corday, Marat und Forster!
– Suche in Büchern nach Personen aus der Zeit der Französischen Revolution, die immer wieder genannt und abgebildet werden!	– Diskutiert, warum so oft in der Französischen Revolution Frauen und Männer erst mit ihrer Hinrichtung zu einer Legende wurden!
– Suche nach »Heldinnen und Helden« der Revolution, die nicht hingerichtet oder ermordet wurden!	– Diskutiert, warum so oft in der Französischen Revolution Frauen und Männer erst mit ihrer Hinrichtung zu einer Legende wurden!
– Wie wird man heute ein Idol?	– Werden heute auch noch Menschen zur Legende?

Verknüpfung:
- Camille Desmoulins (3. Stunde, 1. Leitfrage)
- Ludwig XVI. (Marie Antoinette) (6. Stunde, 3. Leitfrage)
- Olympe de Gouges (9. Stunde, 3. Leitfrage)
- Terror (11. Stunde, 3. Leitfrage)
- Marat und Charlotte Corday: Das Bild des Helden (Stundenbaustein III.3., 4.)

3. Thema: Emigranten

Was bedeutet es, Flüchtling zu sein?

1. Leitfrage: Wie sehen französische Emigranten selber ihre Lage?

(1792) »[. . .] Damals hatte ich keine Ahnung, daß ein Mann wie ich mit zehn oder zwölf Sous am Tage leben könnte, ohne Gefahr zu laufen, zu mager zu werden.

Dieses tätige und einfache Leben ist sehr gesund; es kann von jungen Leuten wie ich sehr gut ertragen werden; aber man kann nicht umhin, gerührt zu werden und mit einigen der Kameraden Mitleid zu empfinden, für die es sehr mühsam sein muß. Was soll man zum Beispiel dazu sagen, wenn man Beamte und sogar Präsidenten sieht, reiche Pfarrherren, alte, seit langem pensionierte Ritter des Sankt-Ludwig-Ordens, vermögende Kaufleute, wohlhabende Bürger, die meist große hübsche Häuser bewohnten, die wohlabgeschlossene Wohnungen besaßen, die in ihren Salons nur auf Parkett oder prächtigen Teppichen gingen, die auf ihrem Tisch nur leckere Gerichte hatten, die einen längeren Weg nur in bequemen und gut bespannten Wagen machten; was soll man sagen, meine ich, wenn man sieht, wie sie heute in einer Kolonne marschieren, bei Regen, bei Schnee, im Schlamm, oft ein verwundetes oder mit Futter beladenes Pferd am Zügel nachziehend, und die, um sich von ihrer Mühsal zu erholen, nur ein oder zwei elende Betten zu erwarten haben, die sie mit zwanzig, die Anspruch darauf erheben, auslosen müssen, eine spärliche, sehr wenig schmackhafte Mahlzeit und, wenn sie krank sind, einen offenen kleinen Karren, um sie von einem Ort zum andern zu schaffen? Es ist ein Glück für sie, daß ein gewisser Firnis von guter Erziehung, den wir niemals verlieren können, uns in natürlicher Weise veranlaßt, den Bedürfnissen dieser neuen und seltsamen Waffenbrüder entgegenzukommen. Was tut man nicht für solche Menschen, deren Geschäft dieses Leben nicht mehr war oder niemals gewesen ist! Nichts hat sie zurückhalten können in ihrem aufrührerischen Vaterland; sie haben dieses und alles, was ihnen teuer war, verlassen wollen, um den neuen Kreuzzug zu unternehmen, um Verräter, Undankbare und Meineidige zu bekämpfen, die aus der Hölle kamen mit der Absicht, das Gute zu hintertreiben, das Frankreich von den Versprechungen des guten Ludwig erwartete. [. . .]«

Brief eines jungen französischen Adligen an seinen Vater 50

Stützfrage: Worin besteht das Unglück der Emigranten?

2. Leitfrage: ***Wie sehen Deutsche französische Emigranten?***

(1792) »[...] Diese Heiterkeit jedoch ward mir für einige Zeit gestört, als ich auf dem prächtigen tageshellen Königsplatze an dem wohlbekannten Gasthofe anfuhr; der anmeldende Diener kehrte zurück mit der Erklärung: es sei kein Platz zu finden. Als ich aber nicht weichen wollte, trat der Kellner sehr höflich an den Schlag und bat in schönen französischen Phrasen um Entschuldigung, da es nicht möglich sei, mich aufzunehmen. Ich erwiderte darauf in gutem Deutsch: wie ich mich wundern müsse, daß in einem so großen Gebäude, dessen Raum ich gar wohl kenne, einem Fremden in der Nacht die Aufnahme verweigert werden wolle. ›Sie sind ein Deutscher‹, rief er aus, ›das ist ein anderes!‹ und sogleich ließ er den Postillion in das Hoftor hereinfahren. Als er mir ein schickliches Zimmer angewiesen, versetzte er: er sei fest entschlossen, keinen Emigrierten mehr aufzunehmen. Ihr Betragen sei höchst anmaßend, die Bezahlung knauserig; denn mitten in ihrem Elend, da sie nicht wüßten, wo sie sich hinwenden sollten, betrügen sie sich noch immer, als hätten sie von einem eroberten Lande Besitz genommen. [...]«

J. W. von Goethe: Campagne in Frankreich 51

Stützfrage: Worüber beklagt sich der Kellner?

grundlegende ←	Aufgabenstellung → erweiterte
– Welchen gesellschaftlichen Gruppen gehören die Emigranten an?	– Wie erklärst Du es Dir, daß 1792 auch »vermögende Kaufleute« und »wohlhabende Bürger« emigriert sind?
– Was würde der Franzose zu den Anschuldigungen des deutschen Kellners sagen?	– Woran liegt es, daß der Franzose Lage und Verhalten der Emigranten anders darstellt als der Deutsche?
– Wo gibt es heute Flüchtlinge in der Welt? Sammle Beispiele!	– Warum fliehen heute Menschen in vielen Ländern der Erde aus ihrer Heimat? Sammle Erklärungen!

Verknüpfung:
- Ständegesellschaft (1. Stunde, 3. Leitfrage; 2. Stunde, 3. Leitfrage)
- Erschütterung der alten Ordnung (3. Stunde; 9. Stunde, 1. Leitfrage)

- Beseitigung der alten Privilegien (4. Stunde; 5. Stunde, 1. Leitfrage)
- Adlige fühlen sich bedroht und in Lebensgefahr. (6. Stunde, 3. Leitfrage; 8. Stunde, 3. Leitfrage; Stundenbaustein III.5.)
- Reiche Bürger fühlen sich bedroht und in Lebensgefahr. (10. und 11. Stunde)

4. Thema: **Valmy am 20.9. 1792**

Warum gelingt es dem österreichisch-preußischen Heer nicht, Paris zu erobern?

Leitfrage: ***Was tut das österreichisch-preußische Heer in Frankreich?***

(28.8. 1792) »Also kamen nun Preußen und Österreicher und ein Teil von Frankreich [= Abteilung Emigranten], auf französischem Boden ihr Kriegshandwerk zu treiben. [...] Sie konnten es in eigenem Namen tun, der Krieg war ihnen zum Teil erklärt, ihr Bund war kein Geheimnis; aber nun ward noch ein Vorwand erfunden: Sie traten auf im Namen Ludwigs XVI.«
[Ende August, Anfang September werden die Festungen Longwy und Verdun in rascher Folge erobert und der Marsch auf Paris fortgesetzt.]

(19./20.9. 1792) »Bald aber fanden wir uns in einer seltsamen Lage, Kanonenkugeln flogen wild auf uns ein, ohne daß wir begriffen, wo sie herkommen konnten; [...] Nachdem wir uns denn aus dem unbegreiflichen Feuer zurückgezogen, [...], löste sich das Rätsel; wir fanden die halbe Batterie, unter deren Schutz wir vorwärts zu gehen geglaubt, ganz unten in einer Vertiefung, [...]. Sie war von oben vertrieben worden [...], feindliches Geschütz trat an die Stelle, und was uns hätte bewahren sollen, wäre beinahe verderblich geworden. [...] Indessen dauerte die Kanonade immer fort: [...] Wir hielten auf der Chaussee von Châlons an einem Wegweiser, der nach Paris deutete. Diese Hauptstadt also hatten wir im Rücken, das französische Heer aber zwischen uns und dem Vaterland. [...] Von jeder Seite wurden an diesem Tage zehntausend Schüsse verschwendet, [...] Nachmittags ein Uhr, [...], war es am gewaltsamsten, die Erde bebte [...], und doch sah man in den Stellungen nicht die minsteste Veränderung. [...] So war der Tag hingegangen; unbeweglich standen die Franzosen, [...]; unsere Leute zog man aus dem Feuer zurück, [...]. Die größte Bestürzung verbreitete sich über die Armee.

Noch am Morgen hatte man nicht anders gedacht, als die sämtlichen Franzosen aufzuspießen und aufzuspeisen, [...]; nun aber ging jeder vor sich hin, man sah sich nicht an, oder wenn es geschah, so war es um zu fluchen oder zu verwünschen.«

(21.9. 1792) »[...] man ward sich in einer beschämenden, hoffnungslosen Lage gewahr. [...]. So schlaglustig und -fertig man gestern auch gewesen, gestand man doch, daß ein Waffenstillstand wünschenswert sei, [...]. Das Waldgebirg Argonne, [...] war von Franzosen besetzt; von dort aus führten ihre Husaren den kühnsten, [...] Krieg.«

(22.9. 1792) »An den Stellen, wo die Kanonade hingewirkt, erblickte man großen Jammer: die Menschen lagen unbegraben, und die schwer verwundeten Tiere konnten nicht sterben.«

[Ein Waffenstillstand wird ausgehandelt und der Rückzug des österreichisch-preußischen Heeres beginnt.]

(11.10. 1792) »So zogen wir fort, jeden Augenblick in Gefahr, bei der geringsten eigenen Stockung selbst über Bord geworfen zu werden; [...]. [Mittags kam die Abteilung in dem Städtchen Etain an.] Unvermutet ließ unser Führer die Wagen vor einem wohlgebauten Hause des Marktes halten, wir traten ein, Hausherr und Frau begrüßten uns in ehrerbietiger Entfernung. [...] Der Sohn, ein schöner junger Mann, hatte schon einige Zeit, hingerissen von den allgemeinen Gesinnungen, in Paris unter den Nationaltruppen gedient und sich dort hervorgetan. Als nun aber die Preußen eingedrungen, die Emigrierten mit der stolzen Hoffnung eines gewissen Sieges herangelangt waren, verlangten die nun auch zuversichtlichen Eltern dringend [...], der Sohn solle seine dortige Lage, die er nunmehr verabscheuen müsse, eiligst aufgeben, zurückkehren und diesseits für die gute Sache fechten. Der Sohn, wider Willen, aus Pietät, kommt zurück, eben in dem Moment, da Preußen, Österreicher und Emigrierte retirieren [= zurückweichen]; [...] Was soll er nun anfangen? [...] Als junger Mann dem neuen System günstig, kehrt er genötigt zu einer Partei zurück, die er verabscheut, und eben als er sich in dies Schicksal ergibt, sieht er diese Partei zugrunde gehen. Aus Paris entwichen, weiß er sich schon in das [...] Todesregister geschrieben; und nun [...] soll er aus seinem Vaterlande verbannt, aus seines Vaters Hause gestoßen werden.«

(20.10. 1792) »Als das Schmerzlichste jedoch, [...], empfand man die Kunde, die sich nicht verbergen ließ, daß unsere höchsten Heerführer mit den vermaledeiten, [...], durch die schrecklichsten Taten abscheulich dargestellten Aufrührern [= Heerführer des französischen Revolutionsheeres] doch übereinkommen, ihnen die

Festungen übergeben mußten, um sich und den Ihrigen eine möglicher Rückkehr [ins Deutsche Reich] zu gewinnen.«

J. W. von Goethe: Campagne in Frankreich 52

Stützfrage: Wie erklärst Du Dir die Niederlage des österreichisch-preußischen Heeres?

grundlegende ← Aufgabenstellung	→ erweiterte
- Erzähle, was dieser Feldzug für die betroffenen Menschen bedeutet.	- Beschreibe den Zwiespalt, in dem sich die französische Familie befindet, von der Goethe erzählt. Versuche, mit Hilfe Deiner Kenntnisse die Lage zu erklären.
- Suche alle Stellen heraus, an denen der Erzähler die Französische Revolution beurteilt!	- Erläutere die Einstellung des Erzählers zur Französischen Revolution!
- Berichte, wie vor 200 Jahren Krieg geführt wurde!	- Vergleiche, was heute in einem Krieg anders und was gleich ist!

Verknüpfung:
- Die Armee als Stütze der Monarchie (1. Stunde, 3. Leitfrage)
- Der Krieg verändert die Machtverhältnisse in Frankreich. (6. Stunde, 3. Leitfrage; 8. Stunde, 4. Leitfrage; 10. Stunde, 2. Leitfrage und Information; 11. Stunde, 1. und 2. Leitfrage)

III. Sechs bildliche Darstellungen

1. Thema: **Das Staatsporträt des Königs**

Was ist wichtiger: Die Person des Königs oder die Institution der Monarchie?

Antoine-Francois Callet: Ludwig XVI. 53

Begriffe: Porträt, Krone, Szepter, Königslilie, Krönungsornat, Insignien

grundlegende ← Aufgabenstellung → erweiterte

- Was erkennst Du auf dem Bild?
- Welche Einzelheiten fallen besonders auf?

grundlegende ←— Aufgabenstellung —→ erweiterte

- Welche Person ist dargestellt?
- Warum verschenkte der König Bilder wie dieses an ausländische Regierungen?

- Kannst Du die Person auf dem Bild charakterisieren?
- In welchen seiner Räume wird der König vermutlich ein solches Bild aufhängen lassen, in welchen nicht? Begründe Deine Entscheidung!

Verknüpfung:
- Absolutismus in Frankreich (1. Stunde)
- Generalstände (2. Stunde, 1. Leitfrage)
- Monarchie und Nation (3. Stunde, 3. Leitfrage)
- Hinrichtung des Königs (6. Stunde, 3. Leitfrage)

2. Thema: Der Ballhausschwur

Wie groß ist die Einigkeit?

Jacques Louis David: Der Ballhausschwur 54

Begriffe: Ballspielhaus, Stände, Habit, Kniehose (= Culotte), Nationalversammlung

grundlegende ←— Aufgabenstellung —→ erweiterte

- Beschreibe einzelne der dargestellten Männer!

- Ordne die Personen den Ständen zu!

grundlegende ←	Aufgabenstellung	→ erweiterte
– Erzähle, was Du empfindest, wenn Du das Bild ansiehst!		– Prüfe, ob der Maler des Bildes für die Nationalversammlung ist oder nicht. Belege Deine Meinung!
– Erkläre, warum der Maler die Dreiergruppe im Vordergrund so betont!		– Untersuche, was an dem Bild vom Maler bewußt konstruiert ist und was Abbild der Wirklichkeit sein könnte!

Verknüpfung:
- Nationalversammung (2. Stunde, 3. und 4. Leitfrage)
- Bürgertum (5. Stunde)

3./4. Thema: Der Tod des Jakobiners Marat

Wie läßt sich mit Bildern Propaganda machen?

Jacques Louis David: Der Tod des Marat. 1793 55

Paul Baudry: Charlotte Corday. 1861 56

Begriffe: Märtyrer, Volksfreund - Heldin, Volksbefreierin

grundlegende ←— Aufgabenstellung —→ erweiterte

Versetze Dich in die Lage folgender Personen, die diese Gemälde betrachten. Was hätten sie gesagt?

grundlegende	erweiterte
- ein Sansculotte	- ein Sansculotte bei der Enthüllung des Bildes von David im Sitzungssaal des Nationalkonvents
- ein reicher Bürger	- ein französischer Bürger, der 1861 für den Kauf des Bildes von Baudry durch die Stadt Nantes eintritt
- Du selbst (am Ende der Unterrichtseinheit)	- ein Betrachter, der sich zu erklären versucht, warum das eine Bild direkt nach Marats Tod, das andere fast 70 Jahre später gemalt worden ist.

Verknüpfung:
- Staatsporträt (Stundenbaustein III.1.)
- Jakobiner und Sansculotten (10. Stunde)
- Parteienkampf (11. Stunde)
- Aufstand gegen die revolutionäre Zentralregierung (8. Stunde, 4. Leitfrage)
- Frauen in der Revolution (9. Stunde)

5. Thema: Die Hinrichtung Ludwigs XVI.

Was soll das Volk glauben?

Zeitgenössische Darstellung: Die Hinrichtung Ludwigs XVI. 57

Begriffe: Guillotine, politische Justiz, Nationalgarde, Jakobinermütze

grundlegende ←— Aufgabenstellung —→ erweiterte

grundlegende	erweiterte
- Was ist alles auf dem Bild dargestellt?	- Warum sieht man nur die Nationalgarde auf dem Platz, aber nicht das Volk?
- Was empfindest Du, wenn Du Dir den geköpften König ansiehst?	- Was könnte ein Franzose empfunden haben, der den König einige Jahre vorher in Versailles gesehen hat?

grundlegende ←— Aufgabenstellung —→ erweiterte

- Warum haben Anhänger der Revolution Bilder von der Hinrichtung des Königs sogar auf Wandtellern und Tassen in ganz Frankreich verbreitet?	- Ist es Zufall oder könnte es Absicht sein, daß der Maler den Kopf des Königs und eine Jakobinermütze auf der rechten Bildseite gegenüberstellt?

Verknüpfung:
- Absolutismus (1. Stunde; 2. Stunde, 1. Leitfrage)
- Nation (2. Stunde, 3. und 4. Leitfrage; 3. Stunde)
- Machtverlust des Königs (3. Stunde, 4. Leitfrage; 4. Stunde; 6. Stunde, 3. Leitfrage)

6. Thema: Napoleon auf dem Kaiserthron

Ist Frankreich zu dem alten Zustand zurückgekehrt?

Jean Auguste Dominique Ingres: Napoleon auf dem Kaiserthron 58

Begriffe: Thron, Kaiser, Imperator, Legitimation

grundlegende ←— Aufgabenstellung —→ erweiterte

grundlegende	erweiterte
- Was erkennst Du auf dem Bild?	- Welche Einzelheiten auf dem Bild kennst Du schon aus anderen Epochen der Geschichte?
- Welche Wirkung geht von der Darstellung aus?	- Wie kommt die Wirkung von »Größe« zustande?
- Welche Unterschiede erkennst Du, wenn Du das Staatsporträt Ludwigs XVI. mit dem Napoleons vergleichst?	- Wodurch wird auf den Bildern Ludwig XVI., wodurch Napoleon als legitimer Herrscher gekennzeichnet?

Verknüpfung:
- Absolutismus (1. Stunde)
- Kaiserreich (12. Stunde, 1. und 2. Leitfrage)

IV. Sechs Karten und Schaubilder

1. Thema: Beginn der Revolution

Wie verbreitet ist die Unruhe in Frankreich?

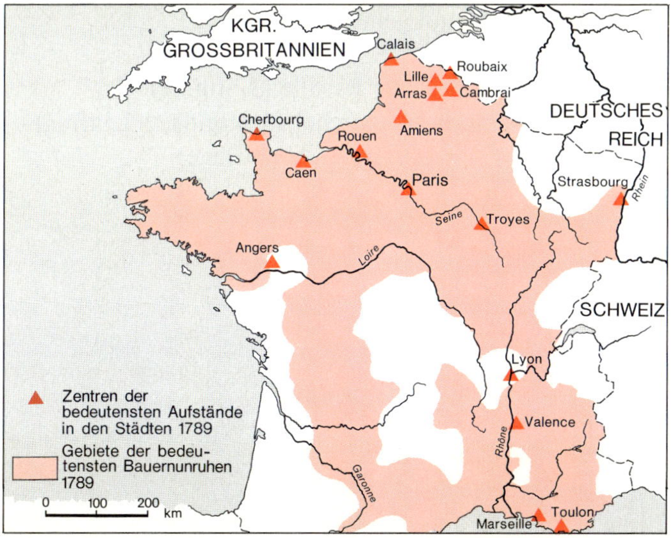

Frankreich im Jahre 1789 59

Stützfrage: Wie erklärst Du Dir, daß es Gebiete gibt, in denen keine Bauernunruhen ausgebrochen sind?

Hintergrund: Die Aufstände in den Städten haben andere Ursachen als die Unruhen auf dem Land. Während in den Städten die verschiedenen Schichten des Bürgertums, der Arbeiter und Armen für Brot und politische Rechte demonstrieren, geht es der Landbevölkerung vor allem um die Sicherung ihrer Betriebsgrundlage: um die Rechte am Boden.

grundlegende ← Aufgabenstellung	→ erweiterte
– Vergleiche die Geschichtskarte mit einer geographischen Karte Frankreichs: Welche Unterschiede erkennst Du?	– Wird mit der vereinfachten Geschichtskarte noch die Geographie Frankreichs deutlich? Oder sollte man Einzelheiten aus der geographischen Karte aufnehmen? Begründe Deine Entscheidung!
– Welche wichtigen Städte Frankreichs sind nicht als Unruheherde aufgeführt?	– Was kannst Du daraus schließen, daß einige wichtige Städte nicht aufgeführt sind, was nicht?
– Warum wird in der Karte ein Unterschied zwischen Stadt und Land gemacht?	– Wie könntest Du Deine Überlegungen überprüfen?

Verknüpfung:
- Sturm auf die Bastille (3. Stunde)
- Die »Große Furcht« (8. Stunde, 3. Leitfrage)
- Vendée (8. Stunde, 4. Leitfrage)

2. Thema: Paris

Warum war Frankreichs Hauptstadt das Zentrum der Revolution?

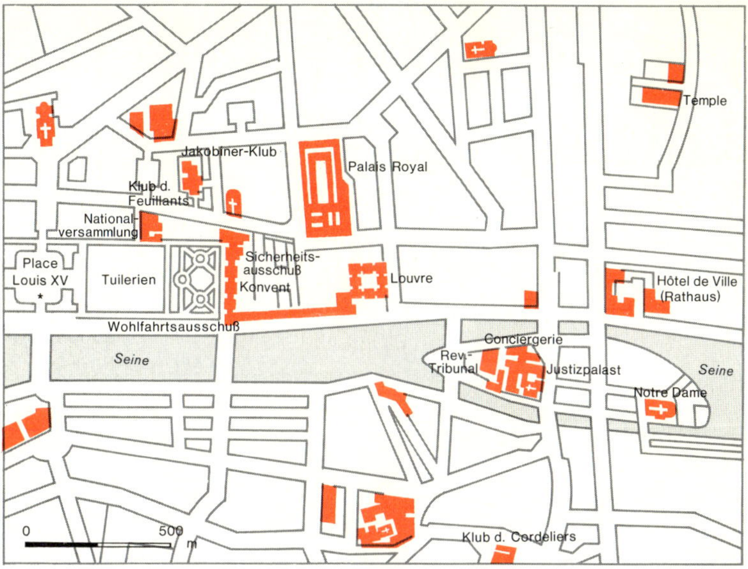

* 1792 Place de la Révolution
1795 Place de la Concorde

Die Innenstadt von Paris 1789–1794 60

Hintergrund: Die Zentralisierung Frankreichs, von Ludwig XIV. so weit wie möglich durchgesetzt, blieb bis in die Französische Revolution und darüber hinaus erhalten. Das gab und gibt der Hauptstadt Paris ihre dominierende Stellung.

grundlegende ← Aufgabenstellung → erweiterte

grundlegende	erweiterte
– Zähle die Gebäude auf, die in der Karte deutlich hervorgehoben sind!	– Was bedeuten die Bezeichnungen? Trage die Erklärungen dann ein, wenn Du sie im Unterricht erfahren hast!
– Vergleiche die historische Karte mit einem heutigen Stadtplan von Paris! Welche Gebäude sind bis heute erhalten, welche nicht?	– Miß die Entfernungen zwischen den Gebäuden! Wie weit sind die Zentren des revolutionären Geschehens voneinander entfernt?

Verknüpfung: – Paris und Versailles (1. Stunde, 1. Leitfrage; 3. Stunde, 3. Leitfrage; 9. Stunde, 1. Leitfrage)

3. Thema: Mitteleuropa 1789

Was ist anders im Deutschen Reich?

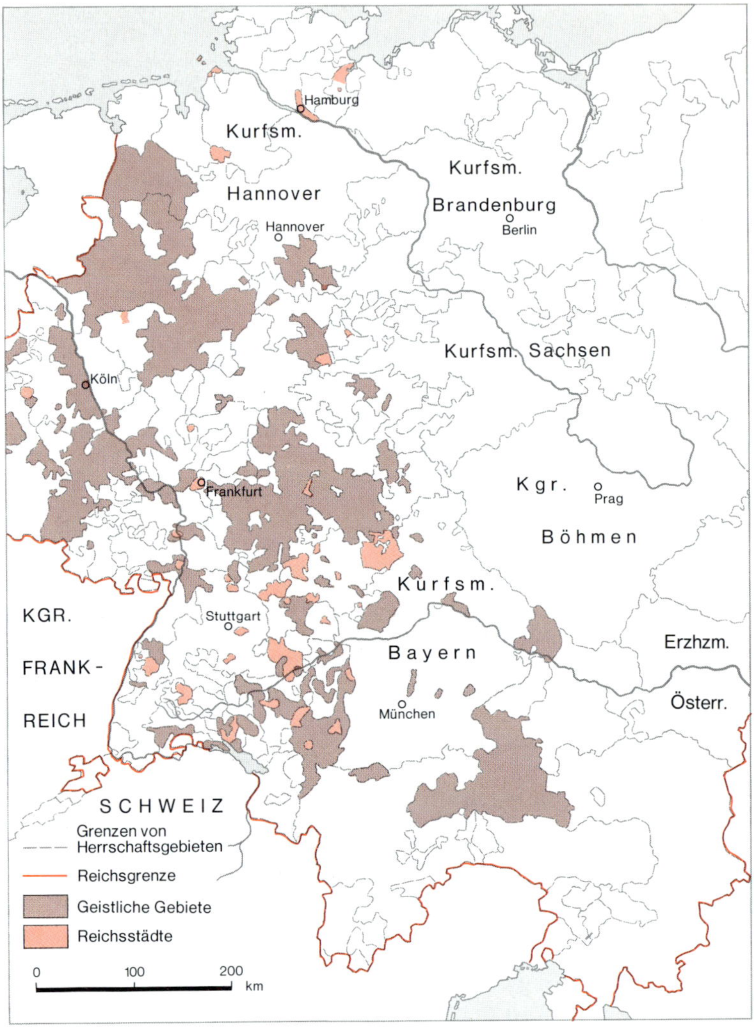

Mitteleuropa 1789 61

grundlegende ⟵ Aufgabenstellung ⟶ erweiterte

- Vergleiche Karte 1 (Frankreich 1789) mit einer Karte des Deutschen Reiches! Welche Unterschiede kannst Du erkennen?

- Diskutiert, was es für ein Reich bedeuten könnte, wenn es wie Frankreich mit Paris nur eine Hauptstadt hat oder wenn es wie das Deutsche Reich viele Zentren besitzt.

Verknüpfung: - Stundenbaustein IV.2.
- Zentrum und Zentralisierung (2. Stunde, 1. Leitfrage; 6. Stunde, 3. Leitfrage; 7. Stunde, 1. Leitfrage; 10. Stunde; 11. Stunde)

4. Thema: Klerus und Revolution

Wie groß ist der Widerstand des Klerus gegen die Revolution?

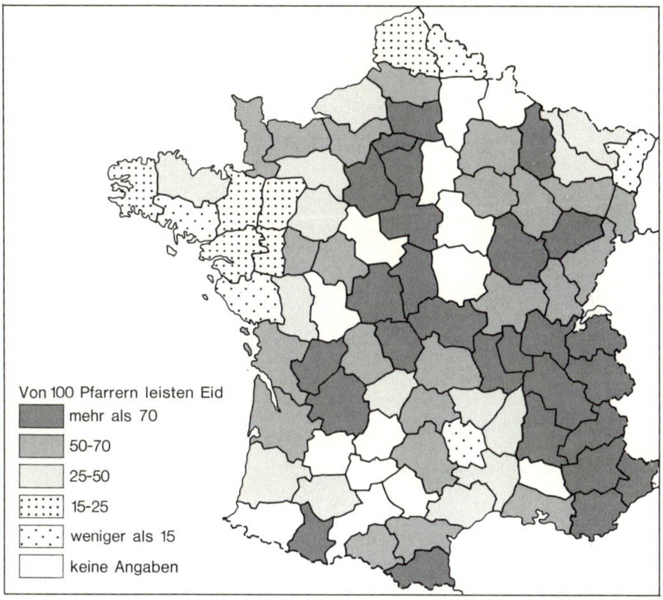

M. Vovelle: Eidleistungen der Priester auf die Verfassung von 1791 (nach Départements) 62

Begriff: Départements

grundlegende ◄— Aufgabenstellung —► erweiterte

grundlegende	erweiterte
- Wieviele Départements gehören zu jeder der 6 Kategorien der Legende?	- In welchen Gebieten sind die meisten Gegner der Revolution, wo die wenigsten?
- Was fällt Dir auf, wenn Du die 6 Kategorien miteinander vergleichst?	- Gibt es andere Möglichkeiten, die Kategorien zu bilden?
- Was sagt die Karte aus?	- Welche Rückschlüsse auf die Unterstützung der Revolution durch den Klerus läßt die Karte zu?

Verknüpfung: - Ständegesellschaft (2. Stunde, 3. Leitfrage)
- Klerus (7. Stunde)

5. Thema: 1793 - Die bedrohte Revolution

Hat die Jakobinerregierung eine Chance?

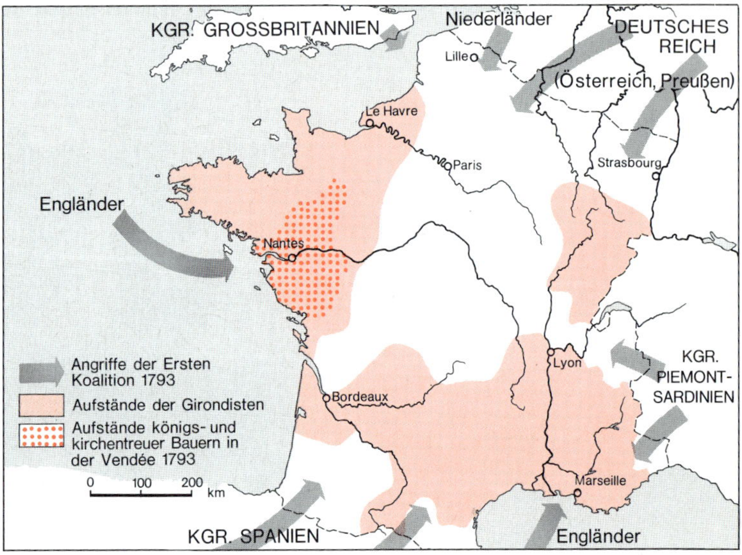

63

Begriffe: Koalition, Aufstand

grundlegende ←— Aufgabenstellung —→ erweiterte

grundlegende	erweiterte
- Welche Gegner sind in der Karte genannt?	- Welche der Gegner sind grundsätzlich gegen die Revolution, welche nicht?
- Warum sind die Girondisten und die Bauern der Vendée Gegner der Jakobinerregierung? Vgl. die Unterrichtsmaterialien zur 4., 5., 8., 10. und 11. Stunde!	- Warum sind die Mitglieder der 1. Koalition Gegner der Französischen Republik? Informiere Dich mit Hilfe eines Geschichtsbuchs!
- Was verbindet die Gegner im Innern und die äußeren Gegner, was trennt sie?	- Unter welchen Bedingungen könnten die Gegner der Revolutionsregierung Erfolg haben?

Verknüpfung:
- Kriegspolitik (5. Stunde, 3. Leitfrage; 6. Stunde, 2. Leitfrage)
- Vendée (8. Stunde, 4. Leitfrage)
- Gegnerschaft von Girondisten und Jakobinern (4. Stunde, 3. Leitfrage; 5. Stunde, 2. Leitfrage; 10. Stunde; 11. Stunde)

6. Thema: Frankreich dehnt sich aus

Wie stark ist das revolutionäre Frankreich?

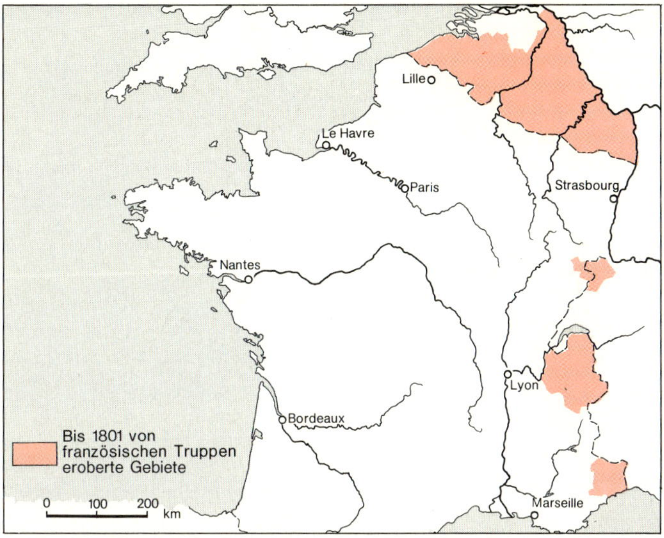

64

Begriff: Expansion

grundlegende ←— Aufgabenstellung —→ erweiterte

grundlegende	erweiterte
- Welche Gebiete haben französische Heere erobert? Nimm eine Karte von heute zu Hilfe!	- Ist die Grenze von 1801 für Frankreich günstiger als die vor Ausbruch des Krieges oder nicht? Begründe Deine Auffassung!
- Welche Ursachen für die französische Expansion kannst Du nennen? Vgl. die 11. Stunde!	- Wie werden in Deinem Geschichtsbuch die französischen Erfolge erklärt?
- Was sagt die Expansion über den Verlauf der Revolution in Frankreich aus?	- Was könnte die französische Expansion für die Monarchien bedeuten, die Frankreichs Nachbarn sind?

Verknüpfung:
- Kriegspolitik der Jakobiner (11. Stunde, 1. und 2. Leitfrage)
- Bedeutung der Französischen Revolution für Europa (12. Stunde, 1. und 2. Leitfrage)

Lernkontrollen

1. Klausur: **Aufstand in Paris am 14.7. 1789**
(Einsatzmöglichkeit: nach der 3. Stunde)

Text 1 **(1906)**
»Der Ausbruch der Revolution
Trotz des königlichen Zugeständnisses stieg die Gärung im Volke. Am schlimmsten sah es infolge des Zusammenströmens arbeits- und mittellosen Gesindels in Paris aus [. . .]. Im ganzen standen nur zwei Garderegimenter in der Stadt, die Polizei war gänzlich unzureichend. Die Truppen, die man durch Regimenter aus den Provinzen verstärkte, erwiesen sich bald als unzuverlässig [. . .]. Hier hielt [. . .] der junge Advokat Camille Desmoulins seine aufrührerischen Reden an das Volk. Auf die Nachricht, daß Necker [. . .] gestürzt sei, brach der offene Aufstand los, bei dem der Pöbel sich an Bäckerläden und Weinkellern gütlich tat und stahl, so viel er konnte. [. . .] [Die Bürgerwehr konnte nicht verhindern], daß am 14. Juli 1789 ein Pöbelhaufen die Bastille [. . .] erstürmte und die geringe Besatzung, obwohl man ihr freien Abzug bewilligt hatte, niedermachte.«

L. Mackensen: Lehrbuch der Geschichte für höhere Lehranstalten 65

Text 2 **(1970)**
»Der Ausbruch der Revolution. Der Sturm auf die Bastille
Die Nationalversammlung verlangte vom König, er solle die um Versailles und Paris versammelten Regimenter zurückziehen. Aber Ludwig XVI. weigerte sich. Mit Windeseile verbreitete sich am 12. Juli 1789 diese Nachricht in den Straßen von Paris. [. . .] Überall sprachen Redner zum Volk. Einer von ihnen hieß Camille Desmoulins. [. . .] Die Sturmglocke wurde geläutet, und das Volk stürmte die Läden der Büchsenmacher, um sich zu bewaffnen. Die meisten Soldaten schlossen sich dem Volk an. Am 14. Juli ging die Suche nach Waffen weiter. Die Menge drang in das königliche Waffenarsenal ein und entdeckte dort 32000 Gewehre. Jetzt ertönte der Ruf: ›Zur Bastille!‹ Sie allein war noch in der Hand königlicher Truppen. [. . .] Der adlige Kommandant hatte die Geschütze auf die Häuser der Vorstadt St. Antoine richten lassen. Zweimal wies er Abgesandte des Volkes [. . .] zurück. Als sich die dritte Abordnung näherte, ließ er auf sie schießen. Es gab zahlreiche Tote. Das erregte den Zorn des Volkes. [. . .] In einem vierstündigen Kampf drangen die Belagerer durch die äußeren Höfe gegen das Haupttor vor. [. . .],

Der Kommandant wollte die Festung in die Luft sprengen, doch seine Soldaten hinderten ihn daran. Er ergab sich schließlich und ließ die Zugbrücke herab. Das Volk stürmte in den Innenhof der Festung. Der Kommandant fiel dem gerechten Zorn des Volkes zum Opfer.« Geschichtslehrbuch für die 7. Klassen der DDR 66

grundlegende ←— Aufgabenstellung —→ erweiterte

grundlegende	erweiterte
– Vergleiche, wie die Bevölkerung von Paris und der König in den beiden Schulbuchtexten dargestellt werden!	– Belege die Bewertung der Pariser Bevölkerung, des Königs und seiner Herrschaft mit Zitaten aus beiden Texten!
– Zähle die Gründe für den Sturm auf die Bastille auf, die in Text 1 und 2 genannt werden!	– Vergleiche die Gründe in Text 1 und 2 und erkläre die Unterschiede!
– Überprüfe mit Hilfe Deiner Kenntnisse aus dem Unterricht, welche Darstellung Dir zutreffender erscheint.	– Text 1 stammt aus einem Schulbuch, das in Deutschland während der Kaiserzeit benutzt wurde. Text 2 stammt aus einem DDR-Geschichtsbuch. Zeige, woran das zu erkennen ist!

2. Klausur: **Die Französische Revolution beeinflußt Deutsche**
(Einsatzmöglichkeit: Am Ende der Unterrichtseinheit)

***Text* (um 1795)**

»Was heißt Freiheit?
Wohl mir, ich bin ein freier Mann,
Nur den Gesetzen untertan.
Drum tu ich keinem Menschen je
Was ich nicht will, daß mir gescheh.
Nur bin ich jedes Menschen Feind,
Der's mit der Menschheit übel meint.
Willkommen, wer es sagen kann
Wohl mir! Ich bin ein freier Mann.
Mir stört kein Fürst noch Fürstenknecht
Mein häuslich Glück, mein Menschenrecht.
Kein Pfaff, kein Schranze hudelt mich
Und tränkt von meinem Schweiße sich.

Ich bin, sei er auch noch so reich,
Ist er nur bieder, jedem gleich.

Zu oft nur tragen Übermut
Und Eigennutz den Freiheitshut;
Und mancher Bube, reif zum Rad,
Entweiht den Namen Demokrat.
Von Menschenrecht und Bürgerpflicht
Schreit mancher Aff und kennt sie nicht.
Doch wer von Freiheit schreien kann,
ist darum noch kein freier Mann.

Wohl mir! Ich bin ein freier Mann,
Nur den Gesetzen untertan.
Trotz jedem Schuft und jedem Tor'n
und sei er noch so hochgebor'n
Und sei er Bischof oder Graf
Und sei er König oder Sklav.
Wohl mir! Daß ich es sagen kann,
Ich bin und bleib ein freier Mann.«

Friedrich Lehne: Was heißt Freiheit? 67

Worterklärung: Schranze = abfällige Bezeichnung für Diener des Königs
hudelt = (hier) schlecht behandeln
Bube = (hier) Schurke
zum Rad = Hinrichtungsart

grundlegende ←— Aufgabenstellung —→ erweitert

grundlegende	erweitert
– Was bedeutet für Lehne »Freiheit«?	– Was ist für Lehne nicht »Freiheit«?
– Welche Parallelen zu Ideen der Französischen Revolution fallen Dir auf?	– Für welche anderen politischen Ziele außer Freiheit will Lehne werben? Leite sie aus dem Text ab!
– Wie sieht der Staat aus, in dem Lehne gerne leben möchte?	– Ist Lehne Girondist oder Jakobiner? Belege Deine Auffassung mit Zitaten aus dem Gedicht!

Übersicht: Ereignisse und Daten

Paris/Versailles	Frankreich	Ausland
1774 Ludwig XVI. kommt auf den Thron		**1776** Unabhängigkeitserklärung der 13 Vereinigten Staaten
1778 Bündnis mit den USA gegen England		
1787 Scheitern der Steuerreform am Adel		
1789 5.5. Eröffnung der Generalstände		
17.6. Proklamation der Nationalversammlung		
14.7. Erstürmung der Bastille	Juli/August Bauernaufstände; die »Große Furcht«; Adlige beginnen zu emigrieren.	
August Verzicht des Adels auf einen Teil seiner Privilegien; Abschaffung des Feudalismus; Erklärung der Menschen- und Bürgerrechte		
5./6.10. Zug nach Versailles; königlicher Hof und Nationalversammlung werden nach Paris verlegt.		
Oktober Gründung politischer Clubs		
2.11. Nationalisierung der Kirchengüter		
1790 12.7. Zivilverfassung des Klerus		
21.10. Die Trikolore wird die Nationalflagge		
1791		10.3. Papst Pius VI. verdammt die französische Kirchenverfassung
	22.6. Festnahme der königlichen Familie in Varennes	
		27.8. Deklaration Kaiser Leopold II. und des preußischen Königs gegen die Revolution
14.9. Inkrafttreten der neuen Verfassung; Frankreich ist eine konstitutionelle Monarchie.		
1.10. 1. Sitzung der neu gewählten Gesetzgebenden Versammlung		

Paris/Versailles	Frankreich	Ausland
1792		7.2. Österreichisch-preußische Militärkonvention gegen Frankreich
20.4. Kriegserklärung Frankreichs an Österreich		
	25.4. Rouget de L'Isle verfaßt die später so genannte Marseillaise.	
		25.7. Manifest des Herzogs von Braunschweig
10.8. Erstürmung der Tuilerien. Danach Internierung der königlichen Familie im Temple		
		19.8. Beginn der preußischen Invasion in Frankreich
2.-6.9. Septembermorde. 2. Emigrationswelle		
	20.9. Kanonade von Valmy	
21.9. Der Konvent, die neue Volksvertretung, versammelt sich.		
		November Die französische Revolutionsarmee erobert Belgien
1793		
21.1. Hinrichtung Ludwigs XVI.		
1.2. Kriegserklärung an England und Holland		
	11.3. Ausbruch der Rebellion in der Vendée	
6.4. Gründung des »Wohlfahrtsausschußes«		
	Mai-Dezember Aufstände der Girondisten gegen den Konvent und die Jakobinerherrschaft	
17.7. Hinrichtung der Charlotte Corday		
27.7. Robespierres wird Mitglied des Wohlfahrtsausschusses.		
23.8. Konventdekret über das Volksaufgebot		
17.9. Beginn des »Großen Terrors« mit Annahme des Gesetzes über die Verdächtigen		
29.9. Festsetzung von Höchstpreisen für Grundnahrungsmittel und Bedarfsartikel		
	19.12. Brigadegeneral Bonaparte erobert Toulon von den Engländern zurück.	

Paris/Versailles	Frankreich	Ausland
1794		
4.2. Erlaß zur Abschaffung der Negersklaverei in den Kolonien		
10.6. Verschärfung des Terrors durch das Gesetz vom 22. Prairial II.		
		26.6. Sieg des Revolutionsheeres bei Fleurus (Belgien)
28.7. Hinrichtung Robespierres und seiner engsten Mitarbeiter »Weißer Terror« im ganzen Land Schließung der politischen Clubs und des Revolutionstribunals; Verbot der Marseillaise		
1795		
März Rückkehr der überlebenden girondistischen Abgeordneten in den Konvent		
22.8. Verkündigung der Direktorialverfassung		
		1.10. Frankreich annektiert Belgien
1797		
		17.10. Ende des 1. Koalitionskrieges
1799		
		24.12. Beginn des 2. Koalitionskrieges
9.11. Staatsstreich Bonapartes Auflösung der Direktorialregierung		
13.12. Proklamation der Konsulatsverfassung; Bonaparte wird 1. Konsul		
15.12. Napoleon Bonaparte erklärt die siegreiche Revolution für beendet.		

① = **Schülerlektüre**
② = **zum (passagenweisen) Vorlesen**
③ = **Lehrervorbereitung**

1. Wie lebte und regierte ein absoluter König?

Vincent Cronin: Der Sonnenkönig, Frankfurt/M. (Fischer TB) 1977 ①
Der Hof Ludwigs XIV. in Augenzeugenberichten, München (dtv-Augenzeugenberichte) 1981 ②+③
Günter Barudio: Das Zeitalter des Absolutismus und der Aufklärung 1648-1779, Frankfurt/M. (Fischer TB) 1981, S.103-127 ③

2. Warum war die Krise des »Alten Staates« nicht durch Reformen zu lösen?

François Furet/Denis Richet: Die Französische Revolution, München 1968, S.44-55 ①+③
Albert Soboul: Die Große Französische Revolution, Frankfurt/M. 1977, Vorwort und S.74-91 ③
Alexis de Tocqueville: Der alte Staat und die Revolution, Reinbek (rororo TB) 1969 ③

3. Wo kommen die Ideen der Französischen Revolution her?

Die Aufklärung führt ein neues Zeitalter herauf, in: Geschichte erlebt, München 1985, S. II, 81-83 u. S.102 ①
J. u. P. Hartig: Die Französische Revolution. Quellen zur Geschichte und Politik, Heilbronn 1984, S.10-23 ②
Walter Markov: Despotie und Aufklärung, in: ders.: Revolution im Zeugenstand. Frankreich 1789-1799, Bd.1, Frankfurt/M. (Fischer TB) 1987, S.15-19 ②+③
Eberhard Naujoks: Die Französische Revolution und Europa, Stuttgart/Berlin/Köln/Frankfurt/M. 1969, S.14-23 ③

4. Wie lebten die Menschen in Frankreich am Ende des 18. Jahrhunderts?

Louis Sébastien Mercier: Mein Bild von Paris, Frankfurt/M. (insel taschenbuch 374) 1979 ①+②
F. Furet/D. Richet: Die Französische Revolution, München 1968, S.26-44 ①+③
Michel Vovelle: Die Französische Revolution. Soziale Bewegung und Umbruch der Mentalitäten, Frankfurt/M. (Fischer TB) 1985, S.80-144 ③

5. Wie unterscheiden sich die verschiedenen »Parteien« in der Französischen Revolution?

Stefan Zweig: Joseph Fouché. Bildnis eines politischen Menschen, Frankfurt/M. (Fischer TB) 1977 ①+②

Günther Lottes: Die Französische Revolution und der moderne politische Konservativismus, in: R. Reichardt/E. Schmitt: Die Französische Revolution als Bruch des gesellschaftlichen Bewußtseins, München 1988, S. 609-630 ③
Walter Markov: Grenzen des Jakobinerstaates, in: ders.: Volksbewegungen der Französischen Revolution, Frankfurt/M./New York 1976, S. 17-57 ③
Walter Grab: Die ideologischen und politischen Wandlungen des französischen Jakobinismus, in: ders.: Ein Volk muß seine Freiheit selbst erobern. Zur Geschichte der deutschen Jakobiner, Frankfurt/M./Olten/Wien 1984, S. 37-42 ③

6. Wie erleben Franzosen die Kriege der Revolutionszeit und was bedeuten sie?
Cili Wethekam: Tignasse. Kind der Revolution München (dtv-junior 7388) 1983 ①
Die Französische Revolution in Augenzeugenberichten, München (dtv-Augenzeugenberichte) 1983, S. 187 ff. und 328 ff. ①+②
G. Landauer: Soldatenbriefe. Heerführer. Hoche, in: ders.: Briefe aus der Französischen Revolution, Berlin (Ost) 1985, S. 193-295 ②
Erhard Dähne: Die Armee der Revolution und die Entstehung des modernen Krieges, in: v. Heiseler/Jung/Leisewitz/Maase/Reusch (Hg.): Die Französische Revolution, 1789-1989. Revolutionstheorie heute. Jahrbuch des IMSF, Bd. 14, Frankfurt/M., S. 159-177 ③

7. Warum gipfelte die Revolution in einer Zeit des Terrors?
Cili Wethekam: Tignasse. Kind der Revolution, München (dtv-junior 7388) 1983 ①+②
Anatol France: Die Götter dürsten, Hamburg (rororo) 1987 ①+②+③
Albert Soboul: Die Große Französische Revolution, Frankfurt/M. 1977, S. 223-394 ③

8. Welche Rolle spielte Napoleon in der Französischen Revolution?
André Maurois: Napoleon, Hamburg (rororo-bildmonographien) 1966, S. 7-66 ①+②+③
Jean Tulard: Napoleon oder Der Mythos des Retters, Tübingen 1978, S. 71-240 ③

9. Wie wirkte die Französische Revolution auf die deutschen Nachbarn?
Artur Müller: Die erste demokratische Republik auf deutschem Boden 1793, in: ders.: Die Deutschen. Ihre Klassenkämpfe, Aufstände, Staatsstreiche und Revolutionen, München/Wien/Basel 1972, S. 78-82 ①
Johanna Schopenhauer: Hoffnung auf die Morgenröte der Freiheit, in: G. u. B. Albrecht (Hg.): Erlebte Geschichte, Berlin (Ost) 1987, S. 404-412 ①+②
L. Bergeron/F. Furet/R. Koselleck: Das Zeitalter der europäischen Revolution 1780-1848, Frankfurt/M. (Fischer TB) 1969, S. 105-112 ③
Walter Grab: Die Theorie und Praxis der deutschen Jakobiner, in: ders.: Ein Volk muß seine Freiheit selbst erobern, Frankfurt/M./Olten/Wien 1984, S. 33-62, S. 167-272 ③

Quellen- und Bildnachweis

1 Louis Sébastien Mercier: Mein Bild von Paris, Frankfurt/M. (insel taschenbuch 374) 1979, S. 250f.

2 Zit. nach: Geschichte in Quellen, Bd. 3: Renaissance, Glaubenskämpfe, Absolutismus, München 1966, S. 427

3 Nach: Unsere Geschichte, Bd. 2, Verlag Moritz Diesterweg, Frankfurt/M. 1985, S. 71

4 Zit. nach: Walter Markov: Revolution im Zeugenstand. Frankreich 1789-1799, Bd. 2, Frankfurt/M. 1987, S. 63

5 Aus: Albert Soboul: Die Große Französische Revolution, Frankfurt/M. 1977, S. 75

6 Nach: Wie Nr. 3, S. 144

7 Zit. nach: Walter Grab (Hg.): Die Französische Revolution. Eine Dokumentation, München 1973, S. 30f.

8 Zit. nach: Geschichte in Quellen: Amerikanische und Französische Revolution, München 1981, S. 190

9 Zit. nach: Pernoud/Flaissier (Hg.): Die Französische Revolution in Augenzeugenberichten, München 1983, S. 28f. und S. 48

10 Zit. nach: Wie Nr. 9, S. 32

11 Zit. nach: Wie Nr. 8, S. 193-195

12 Zit. nach: Wie Nr. 7, S. 37

13 Nach: Wie Nr. 3, S. 154

14 Zit. nach: Wie Nr. 7, S. 63 u. S. 65

15 Zit. nach: Wie Nr. 7, S. 25f.

16 Wie Nr. 5, S. 156

17 Zit. nach: Wie Nr. 8, S. 282

18 Zit. nach: Wie Nr. 5, S. 218

19 Zit. nach: Wie Nr. 7, S. 46

20 Zit. nach: Wie Nr. 4, S. 179f.

21 Zit. nach: Wie Nr. 4, S. 312, S. 315, S. 319

22 Zit. nach: Wie Nr. 1, S. 77-79

23 Nach: P. Goubert: L'Ancien Régime, Bd. 2, Paris 1969, S. 221

24 Zit. nach: Wie Nr. 7, S. 43

25 Zit. nach: Wie Nr. 5, S. 174

26 Nach: Wie Nr. 3, S. 146

27 Zit. nach: Wie Nr. 8, S. 148f., S. 157

28 Zit. nach: G. Lefebvre: Die Große Furcht von 1789, in: Labrousse/Lefevre/Soboul u. a.: Geburt der bürgerlichen Gesellschaft: 1789, hg. v. J. A. Hartig, Frankfurt/M. 1979, S. 90

29 Zit. nach: Wie Nr. 28, S. 113

30 Zit. nach: Wie Nr. 9, S. 346

31 Zit. nach: Wie Nr. 9, S. 61f. und S. 65f.

32 Zit. nach: Wie Nr. 31

33 La Révolution Francaise. Le Premier Empire. Dessins du Musée Carnavalet, Paris 1982, S. 86

34 Aus: Olympes de Gouges: Deklaration der Rechte der Frau und Bürgerin, in: H. Schröder (Hg.): Die Frau ist frei geboren. Texte zur Frauenempanzipation, Bd. 1, München 1979, S. 35ff.

35 Zit. nach: Wie Nr. 7, S. 153f.

36 Zit. nach: Wie Nr. 4, S. 371f.

37 Zit. nach: Wie Nr. 7, S. 149

38 Zit. nach: Wie Nr. 7, S. 178

39 Zit. nach: Wie Nr. 7, S. 171f.

40 Zit. nach: Wie Nr. 8, S. 409

41 Zit. nach: Wie Nr. 7, S. 224-227

42 Zit. nach: Wie Nr. 4, S. 633f.

43 H. Kammer/E. Bartsch: jugend lexikon politik, Reinbek bei Hamburg (rororo TB) 1983, S. 158

44 Zit. nach: G. Hartfiel: Soziale Schichtung, München 1981, S. 14

45 M. Gräfing Dönhoff: Kein Terror? in: DIE ZEIT, Nr. 25, 17. 6. 1988, S. 1

46 P. W. Botha, in: Der Spiegel vom 3. 9. 1979, S. 154, 131

47 Zit. nach: Wie Nr. 4, S. 235-237
48 Johann Friedrich Reichardt: Vertraute Briefe aus Paris. 1792, Berlin (Ost) 1980, S. 52f.
49 J. G. Forster: Eine Auswahl aus seinen Schriften in zwei Bänden, Berlin o. J., Bd. 2, S. 224f.
50 Zit. nach: Wie Nr. 9, S. 137
51 J. W. von Goethe: Autobiographische Schriften II, Hamburger Ausgabe, Bd. 10, München 1981, S. 347f.
52 Wie Nr. 51, S. 200ff.
53 Antoine-Francois Callet: Ludwig XVI., Musée de Versailles
54 Photographie Giroudon, Paris
55 Jacques-Louis David: Der Tod des Marat, Musées royaux des Veaux-arts, S. 202
56 P. J. A. Baudry: Charlotte Corday, in: Courbet und Deutschland, Katalog der Ausstellung der Hamburger Kunsthalle, 1978, S. 106
57 Photographie Giroudon, Paris
58 Photographie Giroudon, Paris
59 Bearbeitet nach: Geschichte. Lehrbuch für Klasse 7, Berlin (Ost) 1970, S. 130
60 Bearbeitet nach: P. Lautzas: Die Französische Revolution, Freiburg/Würzburg 1979, S. 50
61 Wie Nr. 3, S. 172
62 Bearbeitet nach: M. Vovelle: Die Französische Revolution, Frankfurt/M. 1985, S. 56
63 Bearbeitet nach: (a) Putzger: Historischer Weltatlas, Berlin 1979, S. 86
(b) dtv-Atlas zur Weltgeschichte, München 1967, S. 24
64 Bearbeitet nach: Wie Nr. 63 (a), S. 86
65 L. Mackensen: Lehrbuch der Geschichte für höhere Lehranstalten, Wolfenbüttel 1906, S. 121f.
66 Wie Nr. 59, S. 129-131
67 Zit. nach: W. Grab/U. Friesel: Noch ist Deutschland nicht verloren. Unterdrückte Lyrik von der Französischen Revolution bis zur Reichsgründung, Berlin 1980, S. 37f.